社区治理能力建设研究

赵 菊 著

吉林出版集团股份有限公司

图书在版编目（CIP）数据

社区治理能力建设研究 / 赵菊著. — 长春 : 吉林出版集团股份有限公司，2022.9

ISBN 978-7-5731-2179-0

Ⅰ. ①社… Ⅱ. ①赵… Ⅲ. ①社区管理－研究－中国 Ⅳ. ①D669.3

中国版本图书馆 CIP 数据核字(2022)第 171404 号

社区治理能力建设研究

著　　者　赵　菊
责任编辑　腾　林
封面设计　牧野春晖
开　　本　710mm×1000mm　1/16
字　　数　215 千
印　　张　12.25
版　　次　2023 年 3 月第 1 版
印　　次　2023 年 3 月第 1 次印刷

出版发行　吉林出版集团股份有限公司
电　　话　总编办：010-63109269
　　　　　发行部：010-63109269
印　　刷　北京市兴怀印刷厂

ISBN 978-7-5731-2179-0　　定价：79.00 元

前　言

社区治理是治理理论在社区层面上的运用与发展，是通过借助不同于市场的制度安排，对某些公共资源系统成功地实现适度的开发与调试，或者说是对社区范围内的公共事务进行治理。社区治理是一个动态调整的过程，主张通过多元主体的相互协作与沟通，实现邻里和谐和社会稳定。社区治理以共治为基础，不存在单方面的治理主体，主张各个治理主体之间的相互沟通与合作，权力相互依赖与牵制。同时，在治理过程中对存在的问题进行及时的交流协商，适时更改治理方案与手段，以实现社区居民的利益为根本目标，以发挥各治理主体的能力为根本宗旨，最终实现社区的自主自治，促进社会的和谐稳定。

社区治理是社会治理的重要组成部分，加强社区能力建设是各个社区治理主体的重要责任和义务。加强社区治理主体的社区能力建设对构建社会主义和谐社会具有重要意义。

本书是一本关于社会治理研究的学术专著。全书立足于国家治理理念，对社区治理的历史、发展特点及中国特色的社区治理等进行了系统的论述，全方位对社区治理方面的理论进行了归纳和讲解，以发展的眼光透视社区治理的多元路径，为社区治理能力建设奠定理论基础。全书内容涉及社区的基础知识，社区治理的、理论依据、特征、类型、原则与方法，社区治理的基本模式等。基于社区治理主体、社会工作、社区人口服务、社区教育三方面探索推进社区治理能力建设的路径，最后研究智慧社区对社区治理能力的建设。

全书理论观点新颖、论述深刻，紧扣时代脉搏，具有较强的理论性、实践性和指导性。对于探索新的社区治理模式和推广优秀的社区治理机制，具有重要的理论价值和现实意义。

笔者在撰写本书的过程中，得到了许多专家学者的帮助和指导，在此表示诚挚的谢意。由于笔者水平有限，加之时间仓促，书中所涉及的内容难免有疏漏之处，希望各位读者多提宝贵意见，以便笔者进一步修改，使之更加完善。

作　者

2022 年 6 月

目　录

第一章　社区与社区治理概述

第一节　社区的基础知识

一、社区的特征及要素

“社区是指生活在同一地理区域内并具有共同利益关系的社会群体，作为人类生活的基本单元，社区一直发挥着独特的社会治理作用。”[①]社区是社会的细胞，社区治理体系和治理能力的状况，决定着社会发展的实际水平。

（一）社区的基本特征

社区的特征表现在以下几方面：

第一，社区是一个社会实体。社区有一定的地域，有一定数量的人口以及由这些人所构成的社会群体和社会组织，有完整的组织机构和运行机制，还有自己独特的社区精神和社区文化等。它包括了社会有机体的最基本内容，是宏观社会的缩影。

第二，社区具有多重功能。社区是人们生活和交往的最基本的场所，人们在这里进行生活、交往、娱乐、经营等各种活动。概括起来，社区的主要功能有：社会管理和协调功能、社区互助和服务功能、社区教育和培训的功能，以及社区文化的社会化功能等。

第三，社区是人们参与社会生活的基本场所。人们的基本生活大都在本社区范围内进行。人们主要在本社区范围内解决吃、穿、住、用等日常生活的物质需要和各种感情、精神的需要。另外，绝大多数居民作为某一社区的正式成员，在本社区范围内享有参与社区管理、选举人民代表、选举社区干部等权利。从这个意义上说，社区还是人们参与政治生活的基本场所。社区作为人们生活的基本场所，决定了它必须具备相应的活动设施。

第四，社区以聚落作为自己的依托或物质载体。所谓聚落，是指人类

[①]方然．社区治理理论和实践研究[J]．思想战线，2015，41（1）：154-156.

各种形式的居住场所，它不单纯是房屋的集合体，还包括与居住直接有关的其他生活设施。我国城乡的聚落形式有村落、集镇、县城镇和城市等，它们都是社区的依托或物质载体。一般来说，一个社区的构成要素大都聚集在聚落之中，人们的基本生活也是在聚落这一地域内进行的。

第五，社区是发展变化的。如同其他社会现象一样，社区也是人类活动的产物，随着社会的发展而发展。

（二）构成社区的要素

所谓社区的构成要素，也就是构成社区的主要因素。与社区的概念一样，各方学者对社区的构成要素的理解也是不同的。根据各家学者对社区构成要素的阐述并结合我国社区建设的实际情况，我们一般认为构成社区的主要因素大致包括以下五大类别：

（1）一定的人群。社区是社会的缩影，是一种比家庭等初级群体更大、更复杂的人类群体。社区首先是一个“人群”或一个“人的生活共同体”，一定数量的人群是社区的第一要素，以一定社会关系为基础组织起来并进行共同生活的人群是社区存在的第一个前提。没有人群，社区就没有主体，这时有的仅仅是地域范围，是区域的概念而非社区概念。社区的人口要素，主要应该包括社区人口的数量、社区人口的结构和社区人口的分布三方面。

（2）一定的地域。一个社区居民的主要活动大多集中于某一特定的地域空间里，这个空间便是社区的地域要素。它包括社区的自然环境、自然资源、生活环境、生活条件等方面。社区可以说是特定人群与特定地域条件相结合而形成的人类社会区域生活共同体，是一个地域性的社会实体。地域的自然地理和其他物质资料状况对整个社区的发展有着重要的意义。因此，一定的地域便自然成为社区的要素之一。

（3）一定的生产和生活设施。社区是人们参与社会生活的基本场所，是人们开展各种活动的平台，而各种活动的开展，都必须要有与之相适应的物质要素的支持。同时，社区居民委员会为了满足社区居民的物质和精神需求，组织开展社区服务也需要有各种设施和条件，社区文化活动、环境整治、治安强化、流动人口管理、帮困扶贫等都需要一定的活动设施。因此，一定的生产和生活设施是构成社区的重要因素。从我国社区的实际情况来看，社区的基本设施主要包括以下类型：社区成员进行日常生活的基本设施，例如，房屋、交通工具、通信设备、便民商店、社区服务中心等；社区的公共服务设施，例如学校、文化站（室）宣传栏、医院（卫生院、医疗所）等；社区成员参加社区管理活动和政治活动的基本设施，例如办公用房、办公设备等。

（4）一定的社区意识。社区意识主要是指社区居民对自己所属的社区有一种认同、喜爱和依恋的思想及心理感觉。这种思想和心理感觉是社区生活对其成员的思想观念长期影响的结果，也是构成社区的一个重要因素和衡量社区的标准之一。它是社区环境内部成员之间所建立的归属情谊，它来自社区成员彼此所具有的共同利益、共同问题、共同需要及共同环境等所产生的认同心理。所以，如果一个社区的居民毫无社区意识，就意味着他们毫无凝聚力，很难形成和谐的社区生活，构建社会共同体。

（5）一定特色的文化。社区文化指通行于一个社区范围之内的特定的文化现象，包括社区内人们的信仰、价值观、行为规范、历史传统、风俗习惯、生活方式、地方语言和特定象征等。从实质上说，社区文化就是一个社区的主流意识，是共同的社区心理和社区行为，是带有浓厚社区色彩和烙印的人际关系和交往方式，是人们对社区的归属感、认同感、依恋情结和荣辱心态，是一种较为一致的价值取向。当然，不同的社区，其文化方面表现出来的特点有所不同，各具特色，这一点在我国实行计划经济时期尤为突出。

二、社区的类型与功能

（一）社区的类型划分

从我国社区建设的实际来看，社区大致可以分为以下几种类型。

1. 按照社区所形成的不同方式来划分

按照社区所形成的不同方式来划分,社区可以分为自然社区和行政社区。

（1）自然社区。自然社区是人们在生产和生活中自然形成的、完全符合社区的最初含义的社区，是人们在长期的共同生活中逐渐扩展而形成的，如农村中的自然村落、自然镇，以及农村人口向城市流动过程中形成的自然迁移人口的聚集地等。在城市，某些长期定居生活在同一地方的人们在历史的长河中自然形成的街坊或者特定区域，也属于自然社区的类型。

（2）行政社区。行政社区是指依靠行政力量，以行政辖区划分的方式形成的社区。社区与社区之间的界限被明确地标在行政地图上，并以法律形式加以界定。在中国的城市里，通常以“居民委员会”的地域和管辖范围作为一个社区，这也是我们一直说的我国官方所划分的城市社区的范围；在农村，则以一个“村民委员会”的范围作为一个社区。

2. 按照社区的功能来划分

社区的功能不同，体现出来的社区的类型会完全不同，以高科技园区为中心的社区，往往信息便捷、环境优美、街道景色和谐统一；以文教设施为中心的社区，科学与人文氛围较浓，人力资源比较充裕，文化色彩明显；以商业活动为中心的社区则区域繁华程度高，购物休闲方便等。根据这种对社区的主要影响因素，我们也可以将社区划分为很多种：政治型社区、经济型社区、工业型社区、军事型社区、教育型社区、旅游型社区、文化型社区等。不过，需要说明的是，按主要活动及其功能对社区进行分类具有明显的相对性，有些社区既有较强的经济功能，又是一定区域的政治中心，甚至还是文化中心，其主要功能是多方面的，对于这些社区，应加以具体分析。

3. 按照社区形成的基础来划分

各社区由于形成的基础不同，居民的组成方式、居住条件、思想观念、文化背景也完全不同。

（1）由社区居民委员会管辖的社区。社区居民委员会是以原来的居民委员会为基础，按照新的标准和原则，适当扩大规模、调整范围而形成的。这类社区在目前现有的社区中占较大比例。

（2）由新兴物业管理小区转换成的社区。随着城市建设的发展，特别是房地产业的迅猛发展，一座座住宅小区如雨后春笋般出现。这些小区在建设初期一般没有成立社区居民委员会，多是由业主委员会或物业公司承担小区的日常管理工作。在社区建设中，部分小区按照要求，经过民主选举，成立社区居民委员会，实现小区到社区的转换。

（3）由过去的村组改造成的社区。伴随城市的发展和城镇化进程的加快，原先的一些城市郊区已发展为城区或城镇，尤其是城郊地带和经济发展较快的城镇，过去的农民变成了居民。在社区建设中，撤销村组，改建为社区居民委员会。

（4）由机关单位或者企业的后勤服务过渡而来的社区。过去，一些大型的机关和企事业单位承担着大量的社会事务管理和服务职能，有的是垂直管理，有的是系统管理。现在，通过体制、机构改革，这些机关单位将这部分职能剥离出来交由社区，原先由机关或单位直接管理的干部职工及其家属也相应转移到社区，实现了由“单位人”向“社区人”的转化。

（二）社区的主要功能

社区是社会的缩影，人们在社区进行政治、经济、文化、社交、娱乐等社会活动。社区的功能主要体现在以下几方面：

（1）社会参与功能。人是社会性动物，社会是人类交互作用产生的结果，人不能脱离社会而独立存在，人们在相互交往的过程中必然会在一定程度上参与社会活动，这是无法避免的。社会城市化和现代化程度越高，人们的组织程度就越高，其社会参与的意识也就越强。社区是居民生活和交往的场所，也是他们直接参与社会事务、进行各项活动的场所。通过参与社区事务来参与更大的社会事务，这就是社区的社会参与功能之所在。当然，由于不同社区的交往结构不同，其为社区成员提供的社会参与机会也就不一样。

（2）经济生活功能。经济生活功能是社区的首要功能，该社区功能与经济要素活动相对应，具体来说，社区的经济生活功能主要包括生产、分配、交换、消费等环节，表现为社区通过生产或购进，为其成员提供衣食住行等基本的生活必需品和相应服务。担负着这一功能的主体主要是社区内的各个经济组织，如城市社区中的工厂、商店、公司等生产、服务性经济组织；农村社区中的农场、家庭生产经营单位以及各项生产、生活服务设施等。这些经济组织在社区内进行生产经营活动，发挥其经济功能，保证了社区的正常运行和发展。

（3）社会化功能。社会化实际上是一个社会学的基本概念。人虽然是无法脱离社会而独立存在的，但是作为群体中的一员，个体适应环境需要一个循序渐进的过程，而这个过程也就是所谓的人的社会化。所谓社会化，就是个体通过学习群体文化，学习承担社会角色，把自己一体化到群体中去的基本过程。社会化必须靠社会整合的作用，使社会成员产生向心力，互相关心，拧成一股绳，共同为有意义的目标而努力奋斗。为了达到社会化的目的，社会对其成员必须采取某些措施，这就是社会化的过程。任何一个人的社会化实际上总是在具体的社区里进行的，人们正是通过所在社区中社会化的多种渠道来接触更高层次的社会文化。

社区通过充分发挥自身的社会化功能，可以实现对各种组织活动的有效协调.从而引导社区成为一个有机整体，以此为基础才可以最大限度地发挥社区功能的效果。例如，对青少年进行学校、家庭、社会三结合的教育，只有通过具体的社区组织和活动才可以加以安排和落实。否则，缺乏社区组织与活动，社区成员的社会化就无法得到实现。

第二节 社区治理的理论依据

一、治理理论

治理理论是社区治理研究最直接、最主要的理论基础。社区治理的实践也正是在治理理论的指导下展开的。

（一）治理理论的内容

“治理”对应的英文词语是“governance”。作为一个日常词汇，“governance”在英语国家的使用已经有数百年的历史。英语中的“治理”可以追溯到古典拉丁语和古希腊语中的“操舵”一词，原意主要指控制、指导或操纵。长期以来，“治理”一词与“统治”（government）一词交叉使用，主要用于与国家公务相关的宪法或法律的执行问题，或指管理利害关系不同的许多特定机构或行业。自 20 世纪 80 年代以来，随着公共事务参与主体与运作模式的日趋多元化，“治理”这一古老的概念被赋予了更多的内涵，并逐步成为政治学、行政管理、国际关系、经济学、企业管理、组织研究等多学科中以及人们谈及公共事务时频繁出现的一个炙手可热的词汇。

当代治理理论的主要思想包括以下方面：

第一，当代治理运动的兴起是现代社会组织转型与发展的产物。在现代，社会结构发生重要变化的过程中，传统的工业组织和公共组织呈现出一系列新的特征，表现为：从同质性的科层制走向异向性的多样化组织结构；政府的功能变化，由控制甚至直接干预转向掌舵、冲突协调和促进社会资源整合；政府逐渐改变了原有僵硬、刻板的组织体系，实施了弹性化的或专项性的组织结构；传统公共行政下公与私、国家与社会的界限开始变得模糊，甚至彼此交融等。现代社会的显著变化，使得当代治理成为适应变化需要的组织管理形式，也使治理成为突破传统公共行政模式，满足公共管理要求的发展道路。

第二，当代治理的组织载体发生了根本变化，它既包含政府组织，但又绝不局限在唯一的、单中心的政府组织。当代治理运动组织载体与参与角色的多样性和多中心性，是治理概念与传统统治和行政思想区别开来的关键之处。

第三，当代治理意味着国家和全国人民社会关系的重新调整。从根本上说，探求治理模式的过程就是寻求新型国家一社会关系的过程，是重新定位政府统治与公民作用关系的过程。在实践中，政府向社会的分权，鼓励公民参与地方或社区的公共事务管理，倡导培育和提升公民自主管理能力，成为当代治理变革政策的重点。

第四，多中心治理模式的形成和社会网络组织体系的构建，是当代治理运行的制度结构与组织基础。治理依据的是以问题和管理事务为导向而聚集起来的多种形态的社会网络组织体系。社会网络组织体系是指面对着国际、区域、国家、地方、社区等不同地域范围内的公共问题，国际组织、政府组织、市场组织、居民自组织等治理主体围绕着某些公共问题或公共事务，通过对话、讨价还价、协商、谈判、妥协等集体选择和集体行动，达成共同治理目标，并形成资源共享、彼此依赖、互惠和相互合作的机制与组织结构，建立共同解决公共问题的组织网络。当代治理成功与否，关键取决于包括政府在内的社会网络组织的构建、信任关系的形成与合作方式的建立。

第五，公民的积极参与、政府与公民之间建立的相互信任、相互依赖与相互合作关系，是当代治理的社会与道德基础。治理的实现、社会网络组织体系的运行，依靠的是存在于公民社会中的社会资本力量，依赖于政府、公民、企业、社会组织之间的相互信任与积极合作的态度。

第六，当代治理不仅表现为一定的发展制度构造，也表现为一定的发展进程。作为发展进程、治理强调两个方面的思想。一是它强调在治理过程中参与者之间的互动与相互影响，强调在不断离散化和分割化的公共政策制定、执行和管理中，通过有效的动力机制、沟通与控制手段及责任界定方式，以此来实现目标的协同、各种资源的有机整合。二是它主张将治理看作一个不断演进的、渐进的、适应现代社会变迁的发展过程。它承认当前的治理理念和实践还处于胚胎状态，还需要经过大量社会实践的考验和验证。治理在探索中不断回应所面对的冲击和挑战，寻求更加有效的制度安排，实现善治的目标。

第七，当代治理的基本理念及善治的重要评价标准是参与、公开、透明、回应、责任、合法性等重要原则。当代治理，即是在这些相互联系的价值中寻找“以人民为中心”、增进人民普遍福祉的发展道路的行动过程。

第八，各种利益关系人进入并参与公共政策制定、执行过程是治理发展的必然趋势，这促使政府的功能及其领导者的行为导向与工作重点发生重要变化。但是与以往多元主义思想不同的是，尽管当代治理思想也承认存在着政策过程中的个体利益差异和冲突，存在集体行动中的讨价还价和理性选择，但它始终认为多元的利益关系主体，在长期发展过程和社群共同体中能够形成利益互惠和彼此合作的关系。

（二）治理理论的社区应用

治理理论已经遍布全球、国家和地方的不同层次，正在逐步形成一个蔚为壮观的治理理论体系和实践系统。治理理论主要包括全球治理理论、民族国家治理理论和地方治理理论，而社区治理在整个治理理论中所得到的关注还很少，相应的论述也不多。实际上，由于社区是一个介于初级群体和次级群体之间的组织对于居民有着情感性和易接近性的功能意义，是每一个人从家庭走向社会的第一个空间，所以，社区治理应当是全部治理系统的基础。

改革开放以来，随着经济体制与社会体制改革的不断深入，我国的社会结构发生了巨大的变化。城市社区主体呈现多元化，社区内的自治组织与非政府组织在社区建设中发挥着日益重要的作用，社区成员参与意识和民主意识逐步增强，政府在社区成员的广泛参与下，与民众共同推进社区的建设与发展，这与治理理论前提完全相符。因此，完全可以将治理理论运用到社区研究中来。社区治理是一种集体选择过程，是政府、社区组织、企业、非营利组织、居民等共同管理社区公共事务的合作互动过程。

一般认为，社区治理特别是我国城市社区治理要厘清以下几方面的情况：

第一，社区治理的必要性。与国家治理的原因一样，社区治理首先根源于市场失灵和国家失灵，社区能够做到市场和政府不能做到的事情。作为治理结构的社区具有以下独特的优势：首先，社区中互动的成员未来相互之间影响的可能性很大。因此，存在一种强力推动人们以有益于社会的方式行为而避免未来遭受报复的激励机制，实际上，这就是人们长期互动过程中的互惠链的机制。其次，社区成员相互作用越频繁，也就是社区居民参与社区的活动越多，就越可以降低成本，增加收益；还可以更多发现其他成员的特点、近期行为和远期的可能行为。这种信息越易于获得和广泛传播，社区成员就越有动力以促进集体效益后果的方式行动。

第二，社区治理的界定。社区治理就是在接近居民生活的多层次复合的社区内，依托于政府组织、企业组织、社会组织和居民自治组织以及个人等各种网络体系，应对社区内的公共问题，共同完成和实现社区社会事务管理和公共服务的过程。

第三，治理的主体，包括政府及其派出机构、居民自治组织、志愿者组织、私人机构、公司以及个人等。在国外的社区内，基本上已经没有正式的政府机构；在我们国家，社区仍然有党和政府的派出机构。所以，社区治理的主体包括政府组织、准政府组织和各种非政府组织。

第四，治理目的是为居民提供公共产品。这些公共产品包括物资的和非物资的，前者指的是满足社区居民的基本设施建设等，而后者更重要，主要是指社会资本。我国现阶段，社区公共产品主要包括社区就业，社区社会保障，社区救助，社区卫生和计划生育，社区文化、教育、体育，社区安全服务，以及社区流动人口的管理和服务等多方面内容。不过，在非物资方面特别是社会资本的培育和提供，今后应当特别加以重视。

第五，治理的方式，即合作、自治、参与以及建立更多横向结构的居民组织。而垂直网络（vertical networks）的组织结构，因其强调下对上的职责且信息不对称，则很难产生这种信任关系。从水平网络的观点而言，居民自发建立或者社区提供社团参与渠道，不仅能够减轻政府介入公共事务的负担，还可以培养社区自治的能力，是建构公民社会的基础。我国城市社区更多的是垂直型的网络，更多的是领导与被领导的关系。各种组织之间平等合作、平等参与社区各种事务决策的局面，虽然已有萌芽，但是还相当微弱。

从一定意义上讲，社区体制对街居体制的替代和进一步发展是治理理论在社区运用的一个重要成果，它推动着中国城市基层社会的管理模式由统治向治理转变。传统的街道办事处、居民委员会是代表政府对社区进行管理的唯一合法行为者，其管理方式是自上而下的行政指令型，即政府部门通过行政等级将上级命令逐层传达到街道，街道再传达到居民委员会，由居民委员会传达到居民。居民在这一权力链条中反馈的信息十分有限。而社区管理模式由街居体制向社区体制的转变，推动了社区中各发展主体的变化，并要求社区中各行为主体之间各司其职、分工合作，体现了国家一社区关系的变化，即面对社会公共事务国家已经不再把自己看作唯一的解决者，而是开始调动各种社会资源和力量来共同解决。也就是说，国家正在逐步把一部分社会事务交给社会自身来做，逐步从某些社会管理领域撤出。而社会自身也会由于参与公共事务管理逐步变得独立起来，这是一个独立自主的社会领域产生的必要条件。社区治理要达到社区善治的效果，不同于计划经济时代政府对社会基层的行政控制，而应该呈现出治理主体的多中心、治理理念的平等共赢、治理方式的协商合作等特点，具体是指在城市社区，政府（城市基层区街政府）与各种个人与组织（居民委员会及其他社区社会组织）合作解决社区公共问题、实现社区公共利益最大化的过程。

（三）社区治理理论的有限性分析

社区治理理论的有限性主要是由治理理论本身的模糊性和治理理论在中国运用的适用性造成的。一方面，治理和善治理论绝不是万能的，不能以它去否定或贬低其他有价值的政治分析理论。治理理论还很不成熟，它的基本概念还十分模糊，对治理和善治还存在不少分歧甚至误解。考虑到治理理论兴起的复杂起因，以及治理要应对的多种复杂情景，治理的概念必须是宽泛的。宽泛而又富有弹性的治理理论的含义从一开始就不甚清晰，一旦清晰则又往往有失全面。“治理”一词被用于各种情境，被意识形态信念各不相同的群体为了不同的甚至是冲突的目的所使用。另一方面，在西方语境下发展起来的治理理论，其理论根基和实践基础是与西方国家的社会现实和发展实践相一致的。然而，当这一理论被移植到中国的具体发展实践中时，就不可避免地会遇到这样一些问题：治理的理论架构和运作模式能否与中国特有的文化土壤和发展实践相融合？如何创造性地实现治理理论与中国具体实践的结合？

虽然治理理论包含着许多值得借鉴的理论资源和政策参考的价值，但是在吸收和运用这一理论时仍需要保持谨慎。首先，从政治倾向上看，治理理论虽然主要是一种公共管理理论，但却具有强烈的意识形态倾向，这就决定了我们在借鉴治理理论时，必须要有所甄别、有所选择。因为治理的理论渊源是极端自由主义，而极端自由主义在国家与社会的关系上持一种强烈的反国家、反政府的态度，主张社会中心主义，尽可能地反对国家干预。其次，从经济发展来看，治理理论是对福利国家所产生的弊端的一种反动和纠正。它是从西方发达国家的经验出发，主张限制政府的职能和作用，主张协商式民主，主张权力的多主体、多中心、回应性、互动性等。最后，从文化接受性来看，治理理论的真正精神是以个人主义为基础的契约合作观念，这种精神深深地蕴藏于西方以平等、自由、权利为核心的公民文化之中。而对于处于不同文化传统的中国社会来说，如果不切实际地实施治理理所崇尚的模式，过分地夸大治理的效用，则可能会遇到挫折，甚至破坏正在进行的现代体制建设。因此，在运用治理理论来解释和分析中国问题时，应明确意识到这一理论的适用范围，在结合中国实践的基础上，审慎地、切合实际地提出理论主张和政策建议。

就社区治理理论的运用而言，在中国城市社区中就遇到与西方语境中不同的情况。其一，治理理论强调的是平等主体的参与与合作。治理理论的一个前提就是各参与主体充分发育，各主体都是具有独立行为能力的个体，但中国社区本身正在发育的过程之中，各主体还未完全成长为独立的行为体。目前，中国社区内虽然具有治理的一些主体要素，比如社区居民委员会、业主委员会、社区文体娱乐团队等，但这些组织在社区发展中能发挥多大的作用是一个值得探讨的问题。所以，就治理理论的社区运用而言，具有一定的理想性，它为社区的未来发展提供了一个方向。对现实社区的发展而言，重要的是如何激活各种社区资源，调动各方的积极性来参与社区建设，没有参与的社区治理不是真正的治理。其二，治理理论的一个重要出发点就是从西方发达国家的经验出发，主张限制政府的职能和作用，这对于中国现实社区的发展具有一定的借鉴意义，但在一定程度上不符合社区发展的实际。我们强调政府职能的转变，但在社会发育不成熟的情况下，政府对社会的引领、指导和扶持是极其必要的。特别是对快速发展的大都市而言，城市基层社会的发展不可能再走自我发育的路径，政府的扶持具有重要意义和价值。所以，将治理理论运用于社区既有其价值，也存在局限性，需要在发展中不断完善。

二、基层民主理论

鉴于城市社区治理的过程也是基层民主实践的过程，基层民主的有效推进也是社区实现善治的重要基础。因此，很多学者从基层民主理论的角度来研究城市社区治理。

（一）基层民主理论的内容

民主是人类共同追求的价值观和共同创造的文明成果。它不仅包括国家民主还包括社会民主，而基层民主构成了社会民主的重要内容，是国家民主的重要补充。中国基层民主建设最伟大的意义就在于，它是公民在社会的最基层进行个人参与的民主化实验，通过在民主化实践中建立起一系列民主规则和程序，训练民众，培养民众的民主习惯，为民主创造内在的条件，逐步实现民主由少数精英的理念进入大众日常生活，成为人们所习惯的日常生活方式，这样的民主才是真正不可逆转的。

经过长期实践发展，我国基层民主逐渐形成了以下五个方面的基本特点：

（1）主体的广泛性。我国的基层民主政治保障了最广泛的人民群众的民主参与权利，将我国绝大多数人口纳入基层的民主选举、民主决策、民主管理和民主监督的政治过程之中，体现出社会主义民主高度的人民性和广泛的参与性。村民自治、居民自治、县乡人大代表直接选举以及企事业单位的民主管理等基层民主政治实践，解决了在我们这样一个人口大国顺利推进人民群众的民主参与和保持国家政治稳定发展同步并进的世界性难题。

（2）内容的直接性。我国的基层民主政治的发展，有一条根本的思路就是始终坚持民主建设从与人民群众的切身利益密切相关的领域做起，从人民群众能够直接行使民主权利的领域做起，从能够做得到的地方做起，这使得基层民主的内容具有直接性的特点。这主要体现在两个方面。一是基层民主政治的内容与人民群众的利益直接相关。通过参与基层民主政治，人民群众能够获得看得见、摸得着的利益，能够表达自身的利益诉求，保护自己的各种权利不受侵犯。二是行使民主权利的直接性，人民群众就在自己生活的范围内参与公共事务和公益事业的管理，使得民主参与具有切身的真实性和有效性。

（3）发展的主导性。我国的基层民主政治是在党和政府的领导下进行的，其途径是通过民主政治发挥人民群众当家做主的权利，达到基层治理的有效性和社会政治的稳定发展。因此，人民群众与党和政府具有一致的目标。从基层民主政治建设的方式来看，一方面，党和政府是主导力量，通过政治领导和法治建设，保障广大人民群众的民主权利得以切实实现；另一方面，广大人民群众积极参与到基层民主建设过程中，创造出了丰富多样的民主形式和切实有效的民主程序技术，推动了基层民主的发展。党和政府不断研究发展中的问题，出台推进基层民主深入发展的政策主张，主导着基层民主发展的进程和道路。在此基础上，鼓励广大人民群众的参与和自发创造，但这种参与是有序的参与，是在法律制度规范下的参与。

（4）进程的渐进性。现代民主政治是一种高度制度化和结构化的政治运作机制，它的运行需要复杂的社会经济条件的支撑，更需要适合本国特点的政治程序和民主精神的保障。这些都不是能够毕其功于一役的，由此决定了社会主义民主政治建设需要在渐进的民主建设过程中逐步发育和形成，具有长期性。我国的基层民主建设伴随着整个国家的经济社会体制转型而渐进发展。

（5）环境的适应性。我国的基层民主政治建设一直是作为我们党赢取政权、凝聚人心，组织和动员全社会力量来实现党在不同时期中心任务的重要举措。民主政治建设始终是社会发展的推动力量，是与社会经济发展相适应的。世界民主政治发展的一个基本事实是：凡是不顾自身的经济社会体制约束而意图发展高度民主的政治体系，都难以实现自己的愿望。我们在发展基层民主政治的过程中，始终以推动和保障党的中心工作以及经济社会发展为目标，以人民群众公共生活需要为动力，是与整体的政治和经济发展相适应的。

由此可见，我国社会主义基层民主政治建设适应了改革开放和社会主义市场经济体制发展的要求，既维护了人民群众的切身利益，又促进了党和国家的制度建设和政治稳定，并使得民主发展脱离了民主运动窠臼，进入切实的民主行动的范畴，开创出一条发展中国特色民主政治道路的有效途径。

（二）城市社区自治的内容

社区自治是城市居民群众依法直接管理社会基层公共事务的一种民主形式，是社会主义基层民主在城市的广泛实践。

社区自治的内容主要包括六方面：

第一，人事选免自治。社区居民委员会的组成人员必须由社区成员大会或代表大会依法选举产生，社区成员代表大会具有依法随时补选因故出缺的社区居民委员会组成人员的权力，具有依法罢免、撤换不称职的社区居民委员会组成人员的权力。

第二，财产财务自治。社区居民委员会的财产受国家法律保护，任何部门、单位和个人不得侵犯。社区居民委员会有权拒绝不合理的财力和人力的摊派。社区在兴办公益事业时，可以通过民主自愿的方式，向受益的社区成员筹集资金。政府拨付社区的办公经费，社区居民委员会有权按照规定自主定向使用。社区居民委员会的财产和财务要按照国家有关规定建账管理、公开管理，接受社区成员的民主监督。

第三，社区教育自治。社区居民委员会运用社区成员喜闻乐见的形式，对社区成员开展遵纪守法和依法履行公民应尽义务的教育。组织社区成员开展精神文明建设，倡导和弘扬邻里互助、尊老爱幼、破除迷信等文明新风，创办群众性社区文化艺术组织，开展自我教育活动。

第四，社区服务自治。社区居民委员会可以根据社区成员的需求，通过兴办便民利民服务事业，建立志愿者协会组织，开展社区志愿者活动等形式，为社区成员提供各种生活服务。

第五，社区管理自治。社区的重大问题，必须经过社区议事协商委员会民主协商，提交社区成员大会或社区成员代表大会讨论决定，社区居民委员会对全体社区成员负责，并定期向社区成员大会或社区成员代表大会报告工作，在社区议事协商委员会的监督协调下，完成社区成员代表大会做出的决定和决议。社区成员代表大会有权依法制定《社区自治章程》和各类《社区自治公约》，实行自我管理。社区通过建立社区青少年、妇女、老年人、治安调解、文化艺术爱好等协会组织，依法开展自我管理、自我服务和自我教育活动，维护各类人群的合法权益，丰富社区成员的精神生活，提高社区成员的生存质量，维护社会的安宁稳定。

第六，社区居民委员会通过自治的办法和形式，协助政府管理社会事务，如协助政府做好社区治安、优抚救济、爱国卫生、计划生育和青少年教育等多项工作。

社区自治对城市基层民主建设具有重要意义，表现为：社区自治促进了城市政府与社会的分离，为城市基层民主建设创造了必要的社会条件；社区自治为扩大城市基层民主以及城市居民参与城市管理提供了一个重要平台；社区自治有利于化解城市基层的各种利益矛盾，促进社区的稳定与和谐，为城市基层民主建设提供良好的社会环境；社区自治制度的实践，使社区成为城市居民接受民主教育、民主训练的大学校，极大地提升了城市居民的民主素质和民主能力，对城市基层民主建设具有重要的推动作用。

（三）社区民主理论的局限性分析

就当前中国而言，社区民主理论的运用和研究还存在一定的局限性，主要表现在两个方面：一是对民主的实质深挖得不够，套用民主理论对当前我国城市社区中的诸种“民主”创新进行简单化的分析，容易对基层民主发展得出过于乐观的判断；二是对民主的研究视野较为狭窄，往往只重视社区内部各主体的关系及其活动，而忽视影响民主发展的社区外因素与机制。

目前，学术界对社区民主的研究，主要侧重于对作为社区相关利益者的各个主体的关系及其活动的内容与性质展开分析，就社区主体与社区事务谈社区民主的发展。尤其是在分析社区民主发展的问题“瓶颈”和提出促进社区民主的对策建议时也未能跳出社区内部，往往忽略了民主发生的外在空间。但实际上，应将社区民主的发展置于宏观的社会背景之中，不仅考虑社区主体及其活动，还要考虑到政治制度设置、基层社会变迁、市场经济发展、公民社会的发展等因素，甚至还要考虑不同因素之间相互作用的机制。社区民主理论研究只有拓宽研究视野，才能为社区民主的发展寻找到更为广阔的空间和发展路径。

通常来说，实践总是离不开理论的指导，对社区治理而言，同样如此。社区治理实践的有效开展，也离不开社区治理相关理论的指导。社区治理理论可以为社区治理实践提供发展的思路，并且可以为社区治理实践奠定坚固的知识基础。根据对社区治理相关文献的梳理与研究，可以发现，社区治理的相关基本理论主要包括国家—社会关系理论、基层民主理论、社会资本理论、自组织理论、网络治理理论等。

三、社会资本理论

社会资本这一概念最初是由社会学家布迪厄提出的，在其著作《区隔：品味判断的社会化批判》中，布迪厄提出所谓的社会资本就是“社会联系、社会荣誉和社会尊敬的资本”。随后，经过科尔曼、帕特南等人的发展，社会资本理论被广泛应用于对经济、社会、政治等现象的解释中。有学者进一步指出，复杂的个人关系、多重的成员身份、密集的社会网络、广泛的社会信任，无论对个人，还是对一个团体或整个社会，都是一种潜在的资源要素，之所以被称作“社会资本”，一是因为它们存在社会关系之中，二是因为它们可以带来增值，被认为是无形资产。在社会资本理论中，合作、互惠、信任是其核心思想，而这与社会治理存在着天然的联系。社区作为一个社区成员长期共同生活的场所，蕴含着丰富的社会资本。可以说，社会资本的创造是评估一个社区成熟程度的重要指标。社区治理实现的一个基本条件就在于丰富的社会资本储量及其良性发展状态，也就是说，只有当社区中充满合作、互惠、信任等要素之时，才能实现良好的社区治理，即所谓的善治。反过来，社区治理作为培育和积累社会资本的重要途径，对于重塑社会中的信任关系、达成社会共识以及重构市民网络也具有重要意义，社区治理的有序化开展无疑会进一步提升社会治理的水平。因此，将社会资本作为社区治理问题的分析视角，无论是对于社区治理，还是对于社会治理而言，都是十分有益的尝试。

第三节 社区治理的内涵与特征

一、社区治理的基本内涵

社区治理是指在社区范围内，政府、社会组织、企业、居民等不同的治理主体之间基于共同的目标，通过民主协商、积极互动等方式共同管理社区公共事务的过程。

为了更好地研究社区治理，必须首先明确社区治理的基本内涵。总体上来看，社区治理的基本内涵包括以下两个方面：

（一）社区公共事务的管理

对于社区治理而言，其首要的内涵也正在于对社区公共事务的管理。就广泛意义上的公共事务而言，它是指涉及普通社会公众的日常生活质量和核心共同利益的一系列活动，以及这些活动所带来的实际效果。所谓社区公共事务，在宏观上，凡是按照属地原则由社区分担，以社区为单位去组织、协调、运作的公共事务，就属于社区公共事务；在微观上，社区经济、社区教育、社区卫生、社区体育、社区文化五大方面的资源以及社会福利、社会救济是传统的社区公共事务。在当今的市场经济体制下，新独立出来的社区治安、社区服务等也属于社区公共事务。通常来说，社区事务是纷繁复杂的，在进行社区治理的过程中，需要调动起各治理主体的积极性，将政府、社区自治组织、第三部门等团结起来，依据正式的强制性的法律法规以及非正式的社区规范、公约等，通过协商谈判、资源交换、协同行动等，对涉及社区成员共同利益的公共事务进行有效的管理。唯有如此，方能增强社区的凝聚力，提高社区的自治能力，提升社区治理的现代化水平。

（二）提供社区公共产品

根据公共经济学理论，保罗·萨缪尔森在《公共支出的纯粹理论》中将社会产品划分为公共产品和私人产品。他认为，公共产品是所有人都能享有该产品，在一定条件下，增加消费者不会影响其他人对该产品的消费量，生产的可变成本也不会发生变化。公共产品应具备三个特征：效用的不可分割性、消费的非竞争性和受益的非排他性。而私人产品可以由个别消费者所占有和享用，具有效用的可分性、消费的竞争性和受益的排他性三个基本特征。②按照传统的观点，公共产品一般是由政府提供的，但这并不意味着公共产品是由政府直接提供的。随着社会分工的不断细化，公共产品的供给已然演化成复杂的分工体系。在公共产品的具体供给过程中，政府可以是供给的主体或者主要负责人，但是却可以根据分工的不同，将不同的环节分配给私人部门或者非政府组织去完成。在这种情况下，社区治理实际上承担起部分与社区相关的公共产品的供给任务。如此一来，提供社区公共产品就成为社区治理的重要内容。

作为为居民提供公共产品的重要场所，社区所提供的公共产品的数量与质量关乎每一个社区居民的切身利益，也关乎社区治理的质量以及有序化的程度。为了有效提高社区治理的水平，必须提供社区居民所需要的公共产品，这就要求必须学会最大限度地挖掘以及整合社区内外部资源。此处所讲的资源主要包括人力资源、物力资源、财力资源、智力资源和政策资源等。从提供社区公共产品的角度来看，我们认为，社区治理应该是各大治理主体基于市场原则、社会公共利益和社区价值认同等协作开展的，满足社区居民对公共产品需求的，优化社区秩序的过程与机制。

二、社区治理的特征表现

社区治理的特征表现在以下方面（图 1-1）：

图 1-1　社区治理的特征表现

（一）主体多元化

社区治理主体由过去的单一化转变为多元化。在过去，社区治理主体基本上都是政府；而现在，社区治理主体是所有的社区利益相关者，即与社区公共事务存在直接或间接利益关联的个人和组织。具体来讲，社区治理的主体包括以下四部分：①国家要素，即执政党系统（上级党组织、社区党组织）、行政系统（区政府、街道办事处）；②市场要素，即物业管理公司、营利性组织、驻社区的企业；③社会要素，即非营利性组织、志愿者团体、各类文体社团；④公民要素，即居民委员会、业主委员会、社区居民个人及居民团体。另外，主体之间的地位也有所不同。在社区管理中，政府作为管理者占有绝对优势地位；广大社区成员、非政府组织作为被管理者，则处于附属地位，没有独立的话语权。而治理强调各主体包括政府、社会组织、居民等在内都是参与社区治理的主体，大家居于平等、协商、信任、合作的地位。只有各个治理主体协同合作，才能有效克服各自的缺陷而达到善治的目标。由于治理主体的多元化，社区治理的权力结构不再是传统的自上而下的科层制结构，而是发展为扁平的网络结构（有关社区主体的研究详见本书第三章）。

（二）过程互动性

社区治理不同于社区管理，社区管理一般是政府通过行政指令、命令等方式对社区公共事务进行自上而下单一向度的控制。社区管理具有浓厚的行政色彩和权力色彩，社区居民及社区组织处于被动接受、被动执行的状态，缺乏利益诉求表达途径。治理是通过主动参与、上下互动、民主协商、达成一致等方式对公共事务进行管理，其权力格局是多元的、平等的，而不是单一的和自上而下的。在治理过程中，政府职责主要是协调与指导，而不是控制与领导。

在社区治理过程中，各个主体表达自身的利益诉求，提出各自的想法和意见，切实参与到公共决策、公共管理以及公共监督中去。由此可见，社区治理是一个持续互动的运行过程，国家、市场与社会之间相互作用，从而推动各治理主体间的良性互动。

（三）内容多样化

社区治理的内容涉及社区成员社会生活的多个方面，事关社区成员的切身利益。社区治理的内容主要包括社区服务与社区照顾，社区安全与综合治理，社区公共卫生与疾病预防，社区环境、物业管理及社区治安，社区文化、社区民主和精神文明建设，社区社会保障、社区救助与社区福利等。社区治理的对象既包括社区居民和有关流动人口，也包括家庭、社群组织、社会服务以及介入社区事务的党政机关及其他政治团体。不管是社区治理的内容还是社区治理的对象，几乎涵盖了社区居民生活的方方面面。因此，社区公共事务的治理需要最大限度地整合社区内外资源，构建社区治理机制，调动社区居民及社区组织参与，实现社区公共事务的良好治理。

（四）结构网络化

网络化治理是一种替代层级制的新型治理范式，既包含高程度的公私合作，又意味着政府对公私合作网络的强管理能力，它将高水平公私合作特性与网络管理能力相结合，给予公民更多的选择权，是跨界合作的最高境界。社区治理呈现出网络化治理的特征，形成多主体合作治理，政府不再是唯一的治理主体。由于社区治理主体的多元化，在治理过程中需要各个主体间的沟通和协调，需要凭借合作网络实现社区治理的组织性与自主性。现代社区治理结构呈现出伙伴关系、互动作用、平等地位、公众参与、互惠互利的特点。

社区治理体系应该是以社区公共事务为导向而构建起来的多种形态的社会合作网络体系。政府、社会组织、物业管理公司、各类文体社团、居民委员会、社区居民等治理主体围绕关系社区发展和公民利益的社区公共问题或公共事务，通过对话、协商、谈判、妥协等集体选择和集体行动，达成共同治理目标，并形成资源共享、彼此依赖、互惠和相互合作的机制和组织结构，建立共同解决公共问题的纵向的、横向的以及两者相结合的社会合作网络。这种以问题解决为中心、高度弹性化的合作网络的构建涉及多样化的治理主体的参与，这一多中心治理体系在国家要素、市场要素、社会要素、公民要素之间形成相对稳定的互惠、合作关系结构，治理运动表现为纵向、横向及纵横交错的、重叠的社会共同治理网络组织体系的不断发展。因此，社区治理的关键是包括政府在内的社会网络体系的构建、信任关系的形成与合作方式的建立。

第四节 社区治理的原则与方法

“社区是国家治理体系的基本单位，社区治理是国家治理的基础”[1]，加快推进社区治理体系建设，尽快提高社区治理能力现代化水平，对实现国家治理体系与治理能力现代化有着十分重大的意义。

一、社区治理的原则

（一）坚持多元主体原则

前面我们提到社区治理的主体包括国家要素，即执政党系统（上级党组织、社区党组织）、行政系统（区政府、街道办事处）市场要素，即物业管理公司、营利性组织、驻社区的企业；社会要素，即非营利性组织、志愿者团体、各类文体社团；公民要素，即居民委员会、业主委员会、社区居民个人及居民团体。上述主体在社区治理过程中要协调互动、自由平等地参与，从而实现社区治理的效益最大化。国家要素主要是政府负责制定社区建设与发展的相关政策，比如税收优惠政策，从而吸引更多的企业入驻社区，这样可以促进社区经济的发展，进而提高社区居民的生活水平。

与此同时，政府还肩负着提供公共产品和公共服务的责任，比如社区基础设施的建设、社区困难居民的救助等。市场要素主要是各类经济组织。经济组织可以在资本与组织运行良好的情况下，为社区环境建设提供一定的财力和物力支持，例如，提供一定的资金支持社区的综合治理，或者将闲置、自身利用不足的设施向社区居民开放等。这既可以提高社区服务的质量，也可以使经济组织积极参与到社区治理中，增加社区居民对经济组织的认同感。驻社区的企业和营利性组织可以为居民提供咨询服务以及小型贷款服务，以帮助社区提高经济水平；同时为居民提供就业机会，降低消费成本。社会要素即各类组织可以利用自己的专业化、公益化、社会化优势，协助政府提供各类公共服务，协助居民表达和维护自身利益诉求。各类文体社团可以丰富社区居民的物质文化生活，提升生活质量。公民要

---

[1]张艳国．论我国社区治理的原则、理念取向[J]．西部学刊，2015（1）：5-8．

素与社区居民联系比较密切，主要是负责居民的各项生活、居住要求的处理。总之，社区治理主体间应多元互动、平等参与、共同协商，协同处理好社区发展的各项事务，促进社区治理水平的提升。

（二）坚持理性参与原则

理性参与是指社区居民在参与社区治理过程中，具备公民意识、公民的权利与义务的基本意识，不仅要有维护自身权利的要求，也要有对事务的正确判断能力，能够进行理性思考，自觉履行公民义务，拥有公共精神和公民意识。要对与管理范围内事务相关的法律知识、政治基本常识有大致的了解，并且能够理性地运用到社区治理的过程中。要能够意识到享有权利的同时，必须履行义务，对整个社区有责任感。在社区治理工作中，遇到问题不要只坚持利己原则，要进行谨慎和理性的思考，有全局观，权衡利弊，充分考虑治理效益，节约治理成本。理性参与原则并不意味着不对社区居民的生活问题感同身受，而是意味着在治理时，既最大限度地满足居民的需求，又能达到治理的经济性和有效性。

总之，理性参与原则就是要求社区居民在进行社区治理时能从整体和局部上全面衡量利弊，最终选择效益最大的方案；并在规则缺失的情况下，自觉服从协商制定的各项规则，以确保社区的和谐稳定。只有理性参与，才能保证真正实现社区居民自身利益的最大化。

（三）坚持以人为本原则

以人为本的原则要求在处理社区公共事务时要以社区居民作为主体，社区的一切工作都是以满足社区居民的各项需求、满足其利益诉求、提升其生活质量为核心的。与此同时，以人为本的原则还需增加居民的参与度，这可以通过设计激励制度得以实现。以上两方面的努力有助于提升社区居民的获得感。

社区政府必须以群众需要为第一信号，做群众拥护、赞成、答应、高兴的事，不做群众不拥护、不赞成、不答应、不高兴的事，多做得人心、暖人心、稳人心的工作，紧紧抓住群众最关心、反映最强烈的“急、难、愁”问题，因地制宜地做一些实事，把工作做到群众的心坎上，使社区群众实实在在得利。

（四）坚持开拓创新原则

开拓创新对于社区治理来讲是至关重要的。首先是制度创新。制度是良好的社区治理的切实保障，但是从前情况看，社区治理的相关制度并不完善，社区规范操作性差。为此，要重视社区制度建设，比如社区治理利益诉求制度、社区协商制度以及社区合作制度等。与此同时，在制度制定过程中应当提倡公民参与，让其参与到制度设计中来，这样既可以提高居民的满意度，又可以为日后制度的实施排除障碍。其次是工作方式创新。社区治理应当基本形成群众诉求表达—群众利益保障—群众权利实现—群众需要满足的良性循环，实现社区治理由行政工作向社会工作的转变，推进社区认同走向社会认同。再次是构建社区协同治理机制。社区治理应该保障在党的领导下，实现政府治理和社会自我调节、居民自治良性互动。通过多元主体的参与协同，共同缔造，开发社会潜力，激发居民动力，形成社区活力。最后是创新社区网格化治理机制。推动社区网格化由风险防控的单一功能走向多功能、立体化、联动式的社区综合服务载体，实现机构整合、人员整合、信息整合、流程整合，拓展社区服务的内容，延伸社区治理的激盖面，提升社区治理的绩效。

由于社区治理事关人民群众的切身利益以及社区本身的复杂性与多样性，因此社区治理的开拓创新要和渐进改革有机结合。

二、社区治理的方法解析

本书所指的社区治理的方法是社区治理主体，即政府、社会组织、居委会、业委会、物业管理公司、社区居民，为了实现社区的良好有序和谐发展而采取的各类手段、路径、措施。社区治理的方法分为一般方法和具体方法。

（一）社区治理的一般方法

社区治理的一般方法是社区治理过程中需要秉持的思想原则，是在处理社区一般事务和具体事务时都需要掌握的基础性方法。具体来说，有以下几个方面。

社区的治理离不开行之有效的制度保障。总的来说，法治和德治相结合是社区治理不可或缺的制度载体。

对于基层社区治理的主要主体，即居委会、业委会、物业管理公司来说，相关法律法规是他们进行社区治理的参照准则。《中华人民共和国城市居民委员会组织法》《物业管理条例》《业主大会和业主委员会指导规则》《城乡社区服务体系建设规划》以及政府对社区设置的相关条例等为社区治理主体的行为规范指明了方向；对于社区中发生的矛盾、纠纷、冲突等具体性事件，相关法律法规也引导了其走向，“法治”在社区层面的运用切实有效地维护了社区的公共秩序。“法治”不仅是国家层面的发展方向，同样也是社区治理有效运行的目标。社区治理有规可依、有范可循是社区治理实现有效性的基础。在法治之下，基层治理主体、居民行动有了制度保障。

法律的制定是从优先维护个体利益的角度来评判具体的矛盾、纠纷，而更为深入人心的“德治”是从传统习惯中留下的伦理道德角度来教化人们的治理方式，两者有所不同。“法治”通过强制性更好地维护了社区的公共秩序，但可能对于个体矛盾、纠纷的解决有失伦理考量。因此，宏观层面的制度设计要有效考虑伦理道德因素。同时，居委会、业委会在对社区居民进行政策解读、思想宣传时也要考虑相关社会性，力求符合社区居民的道德认知，避免出现法律帮助“恶人”，民间认为是坏的行为却是合法的行为的现象。

非正式制度维护正式制度。社区的非正式制度，又称社区的非正式规则，是指一定社区范围内的人们在长期社会交往过程中逐步形成并得到社区大部分居民认可的约定成俗、共同恪守的行为准则，包括价值信念、风俗习惯、文化传统、道德伦理、乡规民约等。这些非正式制度影响、支配着社区居民、社区基层治理主体的日常行为。从某种意义上说，社区非正式制度是社区居民、社区基层治理主体行动所需要考虑的成本。在行动前，社区中的各个主体会将非正式制度作为判断行动合适与否的依据，以此增加行动的合理性和认可度。

每个社区的实际情况不同，每个社区的非正式制度也有差别。对许多农村社区来说，封建迷信常常是非正式制度中的重要内容，亲族势力的存在也常常妨碍正式制度的执行，但是，正式制度是关于社区发展的顶层设计，是全局性、根本性、长远性的社区发展准则。因此，非正式制度的内容必须要在正式制度的框架内。对于现有的不符合正式制度的非正式制度，居委会、业委会要积极地对居民进行引导，进行有效的解读与矫正。同时，居委会、业委会在制定社区文明公约等乡规民约时，在向社区居民征求意见的过程中，可以纠正不合适的非正式制度，对于与正式制度相违背的情况要坚持原则，讲明利害。

（二）社区治理的具体方法

在进行社区治理实践时，人们需要一些具体的操作方法来处理公共事务。

1. 社区沟通

沟通具有交互性、媒介性与目的性的特点，是拉近人与人之间的距离、迅速建立信任的有效手段。沟通随时可以进行，如可以利用公开场合的会议、私下的访谈等。为了进行有效沟通，沟通者需要提前准备好相应内容，明确沟通目的，优化沟通氛围。社区组织之间、社区组织与社区居民之间，通过口头沟通、文字沟通、肢体语言沟通以及电话沟通等方式进行，分享社区信息，避免因为不知晓或误解而引发不必要的冲突，及时掌握业主的心理动态，对于情绪不稳定者、家庭生活遭遇突变者要格外关怀，并将相关情况及时反馈。社区组织以问题为导向，开展帮扶关怀、心理疏导、小组交流，建构合作互助的方式支持网络，激发社区居民的自助活动，提升社区自治能力。

2. 社区观察

社区基层治理主体需要熟悉社区事务。每天的常规工作以及工作交接会赋予治理主体对于社区的熟悉感。对于社区中潜在的或已经发生的不安全事件要保持敏锐性，并且以维护社区公共利益、促进社区和谐为目的进行观察。社区观察员需要熟悉社区公共事务，具有敏感性，乐于为社区居民提供服务与帮助。同时，观察资料要注意记录与留存，这些资料为当地社区提供了个性化的详细档案，是社区特色发展、安全保障的第一手文献。

3. 社区问卷

对于社区治理，居委会、业委会、物业管理公司以及社区社会组织想要迅速了解社区居民诉求、查找社区隐患，调查问卷是获得翔实、可靠数据的来源。此外，问卷法还能收集、掌握社区居民对社区未来规划、具体社区事务等方面的意见、建议。问卷的设计是问卷有效的基础，问卷设计要考虑到问卷接收人群的文化、年龄层次；问卷要具有目的针对性，不能带有倾向性；问卷的问题顺序与排版也要秉承由易到难、一目了然的原则。通过回收有效的问卷，业委会可以了解大多数业主的想法，更好地维护他们的利益；居委会可以知道近期社区存在的问题以及需要改进的方向；物业管理公司也能知晓工作的不足之处，与社区居民建立更为和谐的关系；社会组织针对社区问题提供有针对性的社区帮扶。

4. 社区服务

有效的社区服务能够满足社区居民的日常生活之需。社区养老、医疗、培训、文化活动等便民服务可以有效解决社区家庭的实际问题；社区组织的各类活动，比如，法律援助、健康体检、联欢表演等，既能帮助居民解决生活中的问题，也能丰富居民身心，增加社区凝聚力，提升居民的幸福度与获得感。对于社区中的困难户，居委会可以利用相应拨款或者社会赞助等方式给予帮助和关心。

5. 社区数据平台

数据平台包括社区内居民的信息、社区设施、社区环境数据等，尤其要注意社区流动人口、社区特困等弱势人群信息的更新与维护，便于社区日常的管理。

第二章　社区治理模式与创新发展

第一节　社区治理模式及构成

社区治理模式与社区治理体制是两个既相互区别又相互联系的概念。社区治理体制是基于相对宏观的层面，对社区治理主体的组织结构、职权划分和运行机制的总和的概括；而社区治理模式则基于相对中观或微观的层面，关注在一定社区治理体制下各地在实践中形成的不同的模式或类型。也就是说，社区治理体制与社区治理模式相比，前者的内涵比后者更广，更一般化、抽象化，而后者比前者更具体化、细致化。在同一种社区治理体制下可以形成不同的社区治理模式，而不同社区治理体制下的社区治理模式肯定是不一样的。

一、社区治理模式的内涵阐释

在介绍社区治理模式的定义之前先来了解一下什么是模式。模式是对事物存在方式的高度抽象和概括，是经验与理论之间的一种知识系统。按照美国著名社区工作专家罗斯曼的看法，模式是较为具体、详细和紧凑的内在形式或典范。模式处于较为松散的一般性取向和较为严谨的“理想类型”之间的位置。社区治理模式就是指对社区治理实践进行反思和概括得出的具有代表意义的典型形式，或是可以使人参照执行的标准样式。人们对社区治理模式概念的理解也经历了一个由窄变宽、由单层面变为综合化、由管理形态上升为理论范式的过程，人们的思想认识不断深入。概括而言，当前学者对社区治理模式的界定包括“标准样式”“模型与范式”和“工作模式”四种不同的理解。

第一，模式是某种事物的标准形态或使人可以照着做的标准样式。社区治理模式一般是指一种相对稳定的社区功能结构方式，也就是根据社区治理需求的变化，把辖区内部有关组织的功能进行优化组合，构成一套区域共同体一体化的社区管理方式。

第二，实际工作部门对模式概念的基本理解是指社区治理形态与运行机制，即社区治理是如何运作的。

第三，模式包含“模型”和“范式”两层意义。从模型的角度看，模式具有理论意义，它是一种实施理论或操作理论。从范式的角度看，模式又具有实践意义，它是一种榜样或样式。

第四，工作模式是指如何推进社区治理或社区发展实践的操作化工作模式。

二、构成社区治理模式的要素

所谓社区治理模式的构成要素，就是指那些能区分和界定不同社区治理模式的要素。我国社区治理模式的基本要素如下：

一是社区环境与结构特征，包括宏观社会环境、社区性质与类型、社区居民构成与年龄结构、社会价值观与制度环境等。这是社区治理模式的背景，主要说明社区治理模式的特定社区环境，将社区治理模式放在特定时空关系中动态考察。

二是党的领导和政府职能，包括社区党建与党的领导、政府职能转变与社区治理体制。这主要是说明国家与社区的关系，从国家与社区的关系角度分析社区治理过程。

三是市场作用与影响，包括市场机制作用与影响、有计划变迁与社区规划等。这主要说明市场与社区管理的关系，从市场与社区的关系角度分析社区治理实践活动。

四是以社区为基础的民间组织的地位与角色，包括社会团体、基金会、民办非企业单位和社区互助组织的状况。这主要说明民间组织在社区治理中所处的地位与扮演的角色，从民间组织与社区的关系角度分析社区治理运行机制。

五是社区工作者的组成与角色，包括社区工作者性别与年龄结构、受教育和专业化程度，社区工作目标与方法。这主要说明社区工作者在社区治理中发挥的作用与扮演的角色，社区工作者是社区工作与社区治理活动中最活跃和最能动的因素。

六是社区服务对象、服务内容和范围，包括弱势与劣势群体、普通社区居民与工作事项、工作方向。这主要说明社区治理实践活动与工作过程，分析社区治理实践活动的基本特征。

七是社区资源结构与状况，包括各式各样的社会资源分布与资金筹集渠道。这主要说明社区治理的物质基础与资源结构状况。

第二节　社区治理模式的国际经验

城市社区治理模式产生于不同的文化传统和政治、经济背景，并在社区治理上形成不同的政府与社会关系，产生了不同的管理模式和运行机制。不同的社区治理模式并没有绝对的优劣之分，关键是适应本国的实际情况，有利于促进社区发展。社区发展在西方国家已经有一百多年的历史，并已经达到很高的水平，借鉴国外城市社区治理的理论和实践经验，对我国方兴未艾的城市社区建设具有积极的意义。国外社区治理模式还是具有一些共同的特点：

（1）构建“行政、自治、社区”三位一体的社区治理结构。纽约、东京和新加坡社区治理皆有的共同特征就是形成了一种“政府指导、社区自治、民众参与”的社区治理体制。这种三位一体的社区治理体制体现了当今时代社区治理的一般典则，并不是少数国家或城市社区治理的特色，因此在某种程度上具有普遍性。国外比较成熟的社区体制，都是由政府、自治、社会这三种力量共同介入或者彼此相互中和，相应形成了行政主导模式、自治主导模式或者混合模式。

（2）多元主体合作共事。从纽约、东京和新加坡社区治理模式中可以看出，纽约、东京和新加坡社区治理的一大共性特征是：社区治理由政府单独负责转为政府、社区自治组织、第三方组织共同负责。不过，责任的分担并不表明政府减轻了社区公共事务的治理责任，更不意味着政府可以放弃责任。这要求政府必须以指导者和监督者的身份，通过制定公共政策和公共服务的目标、标准、原则去规范、监督其他主体的承诺与运行状况，审查社区公共事务管理的质量和效益，促进社区公共利益和福利的扩大，并致力于整合一切力量，为社区提供有效的、经济的、高质量的公共物品和公共服务。

（3）治理机制有所创新。国外社区治理最突出的制度创新就是市场化和民营化。市场化包括两个层次：一是社区公共事务服务者参与的市场化，二是社区公共物品提供的市场化，即公私部门所提供的公共物品都必须平等地接受市场和公众的检验，并按照市场竞争规律优胜劣汰。民营化意在通过实现社区公共事务管理的社会化，打破政府对社区公共事务的垄断，在多元治理主体的参与下，形成科学的治理机制。由于西方城市社区治理重视对社区自身力量、第三部门的培育引导，其社区治理主体在社区空间内呈现力量强大、资源整合能力强的特征，从而实现了社区公共利益最大化的治理目标。在西方发达国家，社区居民参与管理已是一种传统，居民对自己的权利和责任都有较高的积极性。比如，在美国，涉及社区建设城市规划的编制、土地使用法规的审批都要召开听证会，听取居民的意见，并通过媒体向大众公布。

（4）依法管理社区。西方发达国家城市管理比较成功，主要是通过各种法律法规调整社区中各单位、各集团、各家庭以及个人在城市中发生的各种关系及其间的矛盾和冲突，社区内的公民行为受到法律的约束和保护，社区内的工作严格按照法律法规运行，这与西方发达国家整个社会的法制性较强有直接联系。

（5）社区活动经费来源渠道多。国外社区活动经费来源大致可以分为三种情况：一是由政府拨款，社区内部的公共设施等日常经费由政府提供；二是来源于个人和组织捐款，比如，慈善机构的资助；三是来源于自筹经费，完全自治性组织的活动经费一般由组织成员自筹，社区组织的领袖基本是志愿者，这些志愿者的工作是兼职的、义务的。

第三节　我国社区治理的模式选择

随着我国现代化进程的推进，社区作为社会的最基层在国家治理链中的地位日益显著。“社区中主体之间的关系是社会关系的缩影，只有在社区和谐的基础上社会才会和谐。我国幅员辽阔，各个地区之间存在着差异性，这就决定了我国的社区治理模式存在着多样性。”[①]

一、社区治理的基本模式

从总体上看，社区治理的基本模式主要包括政府主导型、社区自治型以及合作共治型三种。

[①] 熊利娟，李睿丰，王力．社区治理模式研究[J]．南京工程学院学报（社会科学版），2015，15（2）：16-19．

（一）政府主导型

政府主导型模式是一种相对较为传统的社区治理模式，最常见于一些发展中新型工业化国家和地区。改革开放以来，随着社区的逐步建立与发展，政府主导型社区治理模式一度成为我国主要的社区治理模式。

政府主导型社区治理模式主要是以管治理念为基础的。在管治理念下，社区治理被看作是政府对社区的一种管治行为。作为管治的治理实质上是以政府为中心的治理，政府控制着权力资源、经济资源和社会资源的分配；治理的主体是单一的，这个主体只能是政府而不可能是其他公共组织，或者说其他组织只是在辅助和参与的意义上与公共权力和政府发生关系。作为确定秩序重要力量的权力对于政府开展行政管理来说至关重要，政府也被看作是权力的合法拥有者。从这个意义上讲，政府参与社区治理的过程实际上也是行使公共权力的过程。通过对公共权力的配置以及使用，达到对社区的控制和协调。需要特别指出的是，我们这里所讲的管治虽然在一定意义上具有统治的意味，但并不是一种单一的价值判断，它从根本上有别于传统经济学中对于剥削、压迫、控制的阐释与理解。本书所讲的管治更多的是一种价值无涉的观念，它主要观照的是公共权力的享有主体以及运行方式。作为管治的治理实际上是一种以国家为出发点的治理，它相信政府在社区治理中的根本作用。政府本身作为治理主体去行使权力是没有问题的，关键在于治理过程中治理体系的架构与治理能力的发挥。然而，作为管治的治理也是有缺陷的，在这种治理理念之下，政府对社区的治理规则几乎是由政府自身单方面制定的，而且政府对社区的治理几乎也是不受其他力量约束的。

政府主导型社区治理模式的主要特点在于，强调政府在社区治理中的领导作用，并且重视发挥政府对社区治理全局的把控作用。在这种模式之下，政府往往在社区之中设立专门的管理部门，通过行政力量加强对社区的控制与管理。政府对社区的公共事务管理享有绝对的话语权，管理的方式多采用直接干预，缺乏有效的沟通交流机制，其主要目的在于维护社会的正常秩序。长此以往，政府主导型社区治理模式会使社区治理逐渐染上浓厚的行政色彩与官方色彩，而且，由于政府在社区治理过程中处于绝对的主导地位，社区居民参与社区治理的积极性无法得到有效的调动，不利于基层民主在社区层面的有效运行。当然，这种政府主导型社区治理模式也有一定的优点。如果政府采取的治理方式得当，就可以在短时间内积聚大量的资金，整合更多可以利用的资源，为社区居民提供更加规范的服务，进而推动社区的快速有序发展。

（二）社区自治型

社区自治型治理模式也是一种典型的社区治理模式，这种治理模式最常见于较为发达的西方国家。通常来说，实行这种社区治理模式的国家或地区具有较为健全的市场经济，有比较浓厚的民主与法治传统。近年来，随着我国经济社会的不断发展，也已经有地区推行了这种社区自治型治理模式。

社区自治型治理模式的典型特点在于，政府与社区治理行为的相对分离。在这种模式之下，社区治理的主体主要是社区自治组织，政府不再是唯一的治理主体。政府只是在宏观层面负责与社区相关的法律政策的制定，以及各治理主体之间利益关系的协调。而关于社区治理的具体事务则由社区居民自治组织来负责。在社区公共产品的提供方面，政府也不再大包大揽，多数情况下，社区自治组织会主动招募资金，吸引社会中的各种营利组织参与投资，这在无形之中会提高社区吸纳社会资源的能力，而且可以大大降低社区治理的成本。由于社区自治组织通常是由民主选举产生的，实行民主管理与民主决策，所以可以形成良好的社区自治文化氛围，并且有效奠定民主政治发展的基础，但是，这种社区自治型治理也有自身的缺点，如果政府在社区治理中的治理力量过于弱小，可能出现社区治理相关法律法规无法在社区层面贯彻执行的情况。

（三）合作共治型

合作共治型社区治理模式是一种介于政府主导型治理模式与社区自治型治理模式之间的模式。由于这种模式能够将政府主导与社区自治各自的优势结合起来，符合世界社区治理的发展趋势，所以近年来越来越受到各国的青睐。

合作共治型社区治理模式的理念基础是合作治理观，合作治理观又被称为网络治理观、公共治理观。从某种程度上来说，合作治理意味着治理秩序的根本性变革，它是对作为管治的治理与无政府主义的治理的结合。这种合作共治型治理模式将治理的方向引向合作，意味着秩序的根本性变革，也意味着秩序出现了多种形式。这既是政府通过自身建设不断提升自身能力的过程，更是政府重新确定自身与公民个体、社会组织、企业法人、自治社区等关系的过程。同时，也是非政府的个人和组织（包括企业法人）

寻求互动，提升自身社会资本的过程。在一定意义上，走向合作的治理可以被视为政府、公民社会和市场三者之间的结合，同时，这种治理是一种不完全政府和不完全市场的结合。从治理的现实形态来看，走向合作的治理理应是我们追求的一种理想治理图式。对社区治理而言，走向合作的治理意味着多元治理主体围绕着一个共同的治理目标开展合作治理，在这一治理过程中，通过彼此之间的合作实现最优化的治理。

合作共治型社区治理模式之所以受到青睐，与其自身所具有的特点密不可分。在这种治理模式之下，治理的主体不再是以政府为主导，而是强调各大治理主体之间的平等，政府将一部分社会职能交由社区内的自治组织来承担，这就实现了治理权力的下放。在法律规定的范围之内，政府组织与社区自治组织共同参与社区事务的管理，尤其是通过民主选举、民主决策等方式来提高自我服务与自我管理的能力。在社区资源的投入以及社区公共产品的提供方面，政府组织与社区自治组织都承担着一定的任务，它们共同致力于拓宽社区的投资渠道，吸引更多的营利组织与非营利组织参与到社区服务与管理中来。最为重要的是，社区居民在这一治理模式之下会享受到主人翁的待遇，在社区治理中的积极性会得到有效提高。但是需要注意的是，这种社区治理模式只有在政府职能部门愿意放权并负责、社区组织较发达、社会文化氛围较好的情况下才能发挥积极作用，若无法协调好政府部门与社区组织的关系，易产生权责不分、互相推诿的现象。

二、我国典型的社区治理模式

从我国社区建设的总体状况来看，目前我国社区治理模式基本可以划分为行政化导向与自治化导向两大类。行政化导向社区治理模式，是指通过强化基层政府的功能，运用政府及其所控制的资源进行自上而下的社会整合。这一类型包括重庆模式、上海模式、青岛模式以及北京、天津、杭州、石家庄等城市的社区改革。自治化导向社区治理模式，是指强化基层社区的功能，主要通过政府下放权力，建立社区自治组织，并通过这些组织动员社会参与进行社会整合。这一类型就有沈阳模式、江汉模式以及哈尔滨、海口、西安、合肥等城市的社区改革。

随着中国社区建设实践的深入，我国各城市在社区治理中的举措也在不断更新。以下简单介绍目前在国内相对比较有代表性的几种社区治理模式。需要说明的是，不同的社区治理模式没有绝对的优劣之分。由于全国各个地区条件和发展速度的差异，社区治理模式创新的探索不应该是“一刀切”的，而是要从本地的实际情况出发。

（一）我国社区治理的重庆模式

重庆模式是指将基层事务分流成“大事、小事、私事”，再分类开展民主议事。重庆市南岸区出台了《南岸区健全村（居）民议事机制推进三事分流的实施办法（试行）》（以下简称“实施办法”），全区村（居）将实施“大事、小事、私事”三事分流的基层民主议事机制，对基层民主的制度化做出大胆探索。

1. 分流大事、小事、私事，分类处理

南岸区提出的“三事分流”，即在基层议事协商时将群众诉求按照“大事”“小事”“私事”进行明确，并分类处理。大事是政府管理事项及公共服务，由政府部门负责解决；小事是村（居）公共事项及公益服务，以村（居）委会为主导，社区自治组织、社区社会组织和社区单位共同协商解决；私事是村（居）个人事务和市场服务，由居民自行解决或寻求市场服务。

比如说，如果议事协商的内容是市政设施建设，这属于大事的范围，居民可以提出建议，但应由市政部门展开调查后进行处理；如果内容是楼道清洁问题，那就是小事，就应由村（居）组织出面召集协商解决。这样的“三事”分流实际上也是“三事”分责，合理界定政府、社会和居民的职责边界，实现政府治理与社会自我调节、村（居）民自治的良性互动。同时“三事”的内容不是绝对固定的，将根据不同情况而进行调整。

2. 三种议事协商制度引导基层自治、共治、法治

实施办法还明确提出了“三级议事会”“社区组织议事”“一事一议”三种基本议事制度。“三级议事会”制度，指依托村（居）自治组织体系，召开楼（院）议事会、村（居）民小组议事会、村（社区）议事会进行议事协商社区组织议事制度，指依托村居建有各类群团组织，居民小区业委会、农村集体经济合作组织等群众组织以及各类社区社会组织，在特定人群中开展议事协商，“一事一议”制度，指在利益范围内的相关群众进行民主议事协商。这个协商制度主要是指某个具体事项涉及的相关群众开展民主议事协商，形成相应的自治制度、民约等。

基层群众自治的前提是普遍参与，主要方法是议事协商。目前这三种议事协商制度是南岸区对议事协商方式的社区治理模式，是让群众和基层

组织在法律范围内自己提、自己议、自己定、自己做，从而实现自治、共治、法治的社区治理模式。

（二）我国社区治理的上海模式

上海模式属于政府主导型社区治理模式。上海把社区建设与“两级政府、三级管理、四级网络”的城市管理体制相结合，注重政府在社区发展中的主导作用，强调依靠行政力量，通过街居联动发展社区各项事务。上海将社区定位于街道，形成“街道社区”，增强街道办事处的综合协调能力，强化街道办事处的权力、地位和作用。将居民委员会纳入“四级网络”体系（市—区—街道—居民委员会），加强居民委员会在基层党建、精神文明建设和社区综合治理中的职能。上海模式形成了领导系统、执行系统和支持系统相结合的社区组织体系。

第一，社区管理领导系统，由街道办事处和城区管理委员会构成。在“两级政府、三级管理”体制下街道办事处成为一级管理的地位得到明确。随着权力的下放，街道办事处具有以下权限：部分城区规划的参与权、分级管理权、综合协调权、属地管理权。街道办事处成为街道行政权力的中心，“以块为主、条块结合”。与此同时，为了有效地克服条块分割的弊端，建立了由街道办事处牵头，派出所、房管所、环卫所、工商所、街道医院、房管办、市容监察分队等单位参加的城区管理委员会。城区管委会定期召开例会，商量、协调、督查城区管理和社区建设的各种事项，制定社区发展规划。城区管委会作为条与块之间的中介，发挥着重要的行政协调功能，使条的专业管理与块的综合管理形成有机的整体合力。

第二，社区管理执行系统，由四个工作委员会构成。上海模式在街道内设定了四个委员会：市政管理委员会、社区发展委员会、社会治安综合治理委员会、财政经济委员会。其具体分工是：市政管理委员会负责市容卫生、市政建设、环境保护、除害灭病、卫生防疫、城市绿化；社区发展委员会负责社会保障、社区福利、社区服务、社区教育、社区文化、计划生育、劳动就业、户籍管理等与社区发展有关的工作；社会治安综合治理委员会负责社会治安与司法行政；财政经济委员会对街道财政负责预决算，对街道内经济进行工商、物价、税收方面的行政管理，扶持和引导街道经济。以街道为中心组建委员会的组织创新，把相关部门和单位包容进来，就使得街道在对日常事务的处理和协调中有了有形的依托。

第三，社区管理支持系统，由辖区内企事业单位、社会团体、居民群众及其自治性组织构成。它们通过一定的组织形式，如社区委员会、社区事务咨询会、协调委员会、居民委员会等，主要负责议事、协调、监督和咨询，从而对社区管理提供有效的支持。

（三）我国社区治理的沈阳模式

沈阳模式在社区划分、社区组织体系建设、社区居民自治运行机制上都表现出鲜明特色。沈阳模式体现基层社区自治的本质，它的形成在全国产生了很大影响。在社区划分上，沈阳市借鉴国外社区划分经验，依据地缘关系、心理认同感等社区构成要素，按照有利于群众自治和管理、优化资源配置、提高工作效能的原则，重新划分社区，使社区结构更为合理、区域边界清晰、人员结构精简、定位更加准确。在社区组织体系上，沈阳模式改变了原有居民委员会的组织模式，在社区层面创造性地形成了以党组织为核心的“领导层”、以社区成员代表大会为组织形式的“决策层”、以社区（管理）委员会为办公机构的“执行层”和以社区协商议事委员会为智囊团的“议事层”，从而形成“议行分离、相互制约”的互动机制。在社区居民自治运行机制上，沈阳社区建设明确了社区居民和社区组织的自治性，社区治理的主体是社区自治组织与社会组织。社区自治使社区居民和社区组织等非政府性机构和个人共同形成一个自主性不断增强的权威网络，并在社区公共事务方面与政府展开对话与合作，分担一定的行政管理职责。同时，政府通过与社区组织合作，逐渐提高社区组织的自治能力，使社区组织真正成为承担社区公共事务管理与决策的自治性组织。

沈阳模式被视为是自治型的模式。所谓自治是以自我管理、自我教育、自我服务、自我发展为核心。沈阳所搭建的社区治理的组织架构的重心就在于调动社区各方的积极性、主动性，参与社区治理，成为社区发展的主体。沈阳模式回答了中国社会发展的一个战略性课题，即如何促进基层民主的发展，昭示了一种基层社会生活与社会管理的发展前景和方向。但是沈阳社区管理模式仍然处于探索阶段，在实践中还存在很多难以解决的问题，有许多值得进一步研究和完善的地方。首先，是居民自治的体制环境问题，即没有明确界定政府与社区自治组织的关系，社区居民自治仍然缺乏良好的体制环境。其次，是居民自治的运行机制问题，社区居民直接参与社区公共事务决策、管理、监督的规则、程序及机制尚未建立起来。再次，是社区组织的运行机制尚不健全、不完善。

（四）我国社区治理的江汉模式

江汉模式被认为是一种政府与社区共生、互补和双赢的机制，是政府依法行政与社区依法自治相结合、行政机制和自治机制相结合、政府功能与社区功能互补的社区治理模式。武汉市江汉区以改革城市管理体制为突破口，围绕合理调整划分社区、组建社区组织、转变职能和强化社区民主自治功能、大力发展社区服务等关键环节，全面推进社区治理。该模式的特点主要体现在以下几个方面：

（1）治理主体多元化。该模式把政府行政性管理与居民自治性管理有机结合起来，政府在培养、指导和协调社区组织过程中逐渐让位于社区和社会组织，社区治理的主体由政府扩展到社区内的自治组织与非政府组织。治理主体多元化，不仅包括政府，还包括社区组织、辖区单位、非政府组织以及社区居民。各治理主体因掌握的资源不同，彼此之间相互依赖。

（2）合作治理的运作模式。政府以主动转变职能为核心，遵照“权责统一、事费统一”的原则，通过授权和权力下放，把由政府组织和承担的社会职能交由社区内的社会组织来承担，从而促成政府与社区组织的制度化合作和良性互动。在推动政府职能转变方面，江汉区探索将行政部门和社区的工作事务逐项分解，其中一些是街道行政部门独立承担与社区无关的管理工作（如税收），一些是由街道行政部门承担、社区组织协助的工作，一些是由社区组织承担、由街道行政部门指导的工作。街道和政府职能部门事权下移，做到了“两个到位”：一是将政府职能部门的本职工作做好、做到位，绝不推给社区；二是如果政府职能部门的工作确需社区配合，在与社区协商后，按照“权随责走、费随事转”的原则，由职能部门与社区共同完成，做到责、权、利配套到位。总之，合作治理模式主张政府与社区组织的制度化合作和良性互动，社区中各治理主体之间各司其职、分工合作。权力运作不是自上而下的行政命令，而是靠多个独立组织共同参与。

（3）推进社区自治的发展。“江汉模式”效仿“沈阳模式”的社区管理架构，按照领导层——社区党组织、决策层——社区成员代表大会、执行层——社区居民委员会、议事和监督层——社区协商议事会的机构设置，坚持“公开、公平、公正”的原则，根据民主选举程序，组建了社区党组织、社区成员代表大会、社区居民委员会、社区协商议事会四个主体结构。以社区居民委员会为依托，构建社区组织的工作网络和工作方式（含社区党建工作网络和工作方式、社区自主管理工作网络和工作方式。）通过合理划分社区自治权力，规范社区组织及成员的自治行为，防止社区工作者“以权谋私”和社区资产的流失。而各职能部门和街道办事处应尊重社区居民委员会自我教育、自我管理、自我服务的法律地位，根据社区工作的性质和特点，支持、帮助社区居民委员会利用社区资源、环境和条件，找准工作的切入点，大胆探索和创造符合自身实际的、具有新型社区工作特色的管理模式，切实增强社区自治功能，避免社区居民委员会成为政府的一级准行政组织。

但现实中江汉模式也并非十分完美，其不足主要表现为：低程度的社区居民参与与社区发展的要求不相适应。江汉区社区建设基本还是处于政府主导阶段，社区居民与社区单位大多数游离于社区公共事务和公共活动之外，参与社区建设的广度和深度都不高，成为社区建设向纵深推进的“瓶颈”。

（五）我国社区治理的盐田模式

盐田模式主要围绕理顺政府与社区关系，从增强政府管理水平和社区自治功能“两条主线”目标出发，确立了“一会两站”的社区治理模式。其特点主要体现在以下几方面。

（1）社区治理理念创新。与全国其他地区类似，盐田区也主要依托居民委员会提供社区服务，维持地方公共秩序，造成了居民委员会的行政职能与自治角色相冲突的局面。因此，盐田模式按照“议行分设”的理念创新社区组织，体现了创建公共服务型政府的要求，鼓励并扩大社会参与和社区自治。

（2）社区治理体系创新。盐田区构建了“一会两站”的社区治理模式。由民主选举产生的社区居民委员会，作为一个对社区公共事务进行议事、决策、监督的机构，不从事具体的社区工作。居民委员会成员实行属地化、兼职化，不再领取工资，其主要精力放在做居民权益的维护者和政府与居民的沟通者上。另外，在社区内部分设了社区工作站和社区服务站两个专门的工作机构。社区工作站负责原有的行政任务，社区服务站承担社区建设过程中各种服务性任务。这一制度设计的初衷是把居民委员会从具体的行政事务中脱身，能专注于社区自治管理事务。其中，社区工作站作为街道办事处的派出机构，归入政府条条管理。社区工作站的创建，解决了政府公共服务没有基层承接的问题。社区建设委员会办公室（区民政局）—街道社区建设委员会办公室（社会管理科）—社区工作站的垂直管理体制，使政府的职责、任务、资金、人员等可直接到达社区工作站，推动了政府管理重心下移。

（3）社区服务机制创新。各社区居民委员会成立社区服务站，各街道办成立社区服务中心，各区也在社区福利中心建成区一级社区服务中心，初步形成了区、街道、社区居民委员会的三级社区服务网络。

社区服务站按照产业化、实体化模式运作，但其性质上是民办非企业单位，属于非营利机构，利润只能用于本社区的公益事业和事务。该模式设立社区服务专项资金，按照“政府购买服务”的方式，对社区服务站从事的社区福利、社会保障、社区残疾人服务、社区老人服务等无偿服务进行评估、补贴，并鼓励社区服务站低偿运营，享受税收减免政策，实现社区服务的社会化。通过这种方式，政府向居民提供了多元、专业的福利和服务，提高了全体居民特别是弱势群体的生活质量。

盐田区的社区治理体制改革，比较成功地分解了城市社区治理组织的行政和社区服务功能，在维持上级政府对社区的有效管理的前提下，通过社区组织产生方式和治理结构的创新，落实了社区的自治功能，推进了城市基层民主政治的发展，对于全国其他地区的城市社区管理具有相当的示范意义。然而，盐田模式也还存在一定的问题，主要表现为将社区工作站和社区服务站从居民委员会剥离出来之后，社区居民委员会有空心化、边缘化的趋势，这种状况与社区自治组织在社区中的基本定位不符。

（六）我国社区治理的鲁谷模式

鲁谷社区是北京地区首家实施“大社区”制、在街道一级建立社区制的创新者。鲁谷社区的“监督专业管理，组织公共服务，指导社区建设”的自我定位以及在街道建立“大科制”的内设机构的做法，从2006年开始在石景山区进行推广。

鲁谷社区实际运行的组织体系和运行机制，可以总结为“一个核心、两个工作体系、三驾马车”。“一个核心”是指社区党工委作为区委派出机构，在新体制中处于核心领导地位，对社区性、社会性、群众性工作负总责两个工作体系〃是指社区行政事务管理中心作为区政府的派出机构，对辖区城市管理、社区建设及有关社会事务进行管理、协调、指导、监督和服务；选举产生的鲁谷社区代表会议委员会及其常设机构—社区委员会负责民主自治工作，指导居民委员会和中介组织的工作。这样的组织架构被称为“三驾马车”。通过简政放权、理顺条块关系，提高行政效能，激活基层民主，最终实现鲁谷社区的多中心合作治理。

在“三驾马车”的组织架构下，操作层面上的核心机构（行政编制）有“三部一室”，事业编制机构“一所两室”。“三部一室”指社区党工委下设的党群工作部和社区行政事务管理中心下设的城市管理部与社区事务部，以及社区党工委和社区行政事务管理中心合设的综合办公室。党群工作部下辖20个居民委员会党组织，负责社区党建工作；城市管理部主要承担城建管理和综合治理等城市管理职能；社区事务部承担民政、计生、劳动、文教等社区行政职能；综合办公室承担原街道行政办和财政科职能。事业编制机构的"一所两室"指社区行政事务管理中心下设的社会保障事务所、企业服务办公室以及社区代表会议的常设机构——社区委员会办公室。除此之外，还设有一个自收自支事业单位—社区服务中心。

鲁谷街道社区管理体制改革是城市基层管理体制改革的一种方向性的探索，在从"行政化"的街居制转向"治理化"的社区制转变中进行了一系列新尝试。然而该模式却只能是"看上去很美"，因为在其具体运行和推广过程中，由于受到制度环境的限制，它无法做到进一步推广和复制，这种局部创新、区域创新的发展前景被打上了许多问号。

三、中国社区治理的成功经验

在中国社区建设的数十年时间里，无论是社区建设中的典型模式，还是各地涌现出的创新性做法，都推进了我国的基层社区发展，并在社区治理方面取得了相当成功的经验，主要表现在以下几方面：

（1）政府主导推进社区自治。社区自治的实质是重构国家和社会关系。我国的社区建设本身就是政府自上而下推行的强制性变迁，政府是社区建设的强力推动者。在社区的启动、规划、组织和执行中，到处都有政府的影子，地方的自治创新若没有政府的推动和介入，是难以实现的。因此，从我国社区组织体系的重构中就可以发现，社区运行的组织要素均与政府有关或是受政府推动而形成的。目前，我国社区运行的组织要素主要包括：一是党组织，即社区党工委或社区居民委员会党总支或党支部，它是社区建设的领导力量。社区发展的推进，使党组织在社区发展中的核心地位逐渐确立，党在社区发展中的功能日益体现。二是政府组织，如取消了街道办事处，设立社区行政事务受理中心，集中办理与居民有关的行政事务，或是在定位于居民委员会层面的社区，社区（管理）委员会负责协助政府管理社区内的各项事务，对政府有关部门和其他组织进行监督。三是社区自治组织，主要有社区居民委员会、社区成员代表大会等，这些组织由社区居民选举产生，是社区自主管理的载体。除了这些基本的组织设置之外，有些地方还设置了社区工作站，是新兴的社区服务载体。前两种社区治理主体的政府性特征自不必说，社区自治组织在社区治理中的主体性和合法性也是在政府的扶持和引导下获得的。

（2）街道社区和居民委员会社区作用凸显。我国的城市社区治理还呈现出转变政府职能，打破条块分割，权力下放，突出街道社区、居民委员会社区地位和作用的特点。我国原有的城市管理体制重心偏上，市、区两级政府及职能部门的权力过于集中，而处于基层直接面对群众的街道社区管理机构，则往往缺少职权，难以顺利开展工作。在上海、武汉等地实行的“两级政府、三级管理”新体制的引导下，各地市、区有关部门实行管理重心下移，通过授权、委托等方式下放部分管理权，赋予街道办事处和社区居民委员会更多的权限，按照“权随事走、费随事转”的原则，形成了责权统一的良性运转机制。有些地区更是看重居民委员会作为自治组织对推进基层民主建设所具有的体制性意义，着力完善居民自治组织的运作机制，引导居民广泛参与社区公共事务，探索形成以社区公共事务为依托的居民群众的自治参与系统。

（3）因地制宜，科学定位社区，合理确定社区治理模式。社区治理的一个重要方面就是充分利用社区资源，实现社区公共利益的满足。不同的社区所拥有的资源和基础条件不同，社区发展的路径和特色也各不相同。在社区建设的各种模式中，无论是采取行政型的治理模式，还是自治型的治理模式，都要立足本社区的资源禀赋和社会关系做出判断。一般而言，在科技、教育发达，居民文化素质较高、民主参与意识较强的地区可以借鉴自治型社区治理模式推行社区建设。对于一些环境优美、公共设施良好、提供各种服务到位的“硬件”基础较好的社区，重点可以放在创造健康、丰富、自由、民主、祥和的社区精神和文化氛围的“软件”建设上。社区治理需因地制宜地推进。

（4）加强对社区发展的政策支持和财政支持。社区作为一定区域范围内居民的公共空间，其治理的经费来源主要有两个渠道：一是政府提供的资助；二是民间筹集的资金。社区治理是一种社会福利事业，因而政府理所当然是社区治理的主要出资人。政府给予财政支持才能使社区内的福利性、公益性项目拥有坚实的物质保障。同时，中国的社区建设必须要有必要的政策支持，政府需要为社区建设构筑更为宽松的制度与政策环境。

（5）建立和完善社区服务体系，满足居民多样化的生活需求。从社会生活层面看，社区可以被视为某个居民群体所共享的共同生活区域。这个区域不是硬性限定的，而是围绕社区生活服务中心自然形成的生活圈。随着单位体制的解体，社会生活从单位生活中独立出来，其中很大一部分的社会生活将在人民居住的社区中实现。因此，现代大城市的社区不仅要在物质生活上满足人们的需求，而且应该为人们社会交往提供多样化服务。中国式的社区治理致力于把社区建设与满足群众生活需求相结合，努力创新和构建社区的社会生活服务系统。该系统从社会生活多样化、群众需求多样化的客观趋势出发，注重发挥市场机制的作用，探索形成政府、市场、社会、居民各方共同参与协作的方式，切实提高社区居民的生活质量。目前的举措包括：一是引入市场机制，发挥企业组织的经营管理效能，通过探索物业管理市场化、环卫保洁市场化等新机制，提高社区服务的经营管理水平和社会效益；二是培育各类服务组织，通过建立和合理布局社区文化活动中心、社区卫生服务中心、社区生活服务中心等组织和机构，推进社区服务的社会化和产业化，切实发挥便民利民的服务功能；三是倡导和发展各类居民互助性、公益性组织，形成多样化的服务形式，满足居民群众多层次、多样化的需求。

我国的城市社区治理还在动态发展中不断探索和完善。尽管目前我国的社区治理无论在理论还是在实践上均与西方发达国家的社区治理存有较大的差距，但是随着我国公民意识的觉醒、民主政治的推进，特别是城市基层组织的培育和发展，我国的城市社区治理会在创新行动中不断缩小与发达国家的差距，真正实现社区治理的理念。

第四节　“互联网+社区治理”模式的探索

近年来，国内部分城市逐步推动社区治理与“互联网+”的有机融合，产生了诸多社区治理创新实践，如广州市的业主决策电子投票、贵州省的“云上贵州”北京市的网格化管理等。这些地方在探索社区治理现代化实践中表现出一个共同特征，就是应用了日益普及的互联网技术。于是，“互联网+社区治理”应运而生。

“互联网+社区治理”包含互联网、社区、治理三个基本要素，“是指将互联网技术资源嵌入社区治理中，打通线上线下多元互动通道，运用互联网技术解决社区治理中的实际问题，为社区居民提供便利化、精细化、精准化的社区服务，实现社区治理效能的一种治理模式”。[②]

[②] 王欢欢，朱旭东．“互联网+社区治理”模式的执行限度与优化路径[J]．长白学刊，2021（6）：72-79．

一、“互联网+社区治理”模式转型的执行限度

随着互联网技术的普及应用，大数据、人工智能、物联网、区块链、云计算等现代信息技术正逐步重塑社会治理，使其朝着便利化、智慧化、数字化的趋势发展。在“互联网+社区治理”模式中，互联网的嵌入成为推动社区治理创新的强大动力。然而，“互联网+社区治理”作为新兴模式，在治理转型过程中囿于执行限度，互联网技术与社区治理仍未实现最优契合。

（一）部门联动缺乏有效机制，很难形成治理合力

基层治理是国家治理的基础。基层治理包括城市社区治理、乡村村落治理等，涉及的事务多、范围广，直接面对群众。社区治理属于基层治理的重要内容之一，在社区治理过程中，所遇到的复杂棘手的基层治理难题，往往涉及多个行政部门。社区虽然发现问题，但由于社区力量薄弱，与相关行政部门之间缺乏有效联动机制，难以协调多部门人员形成有效的治理合力，使得社区治理的根本矛盾得不到解决，部分群众诉求被长期搁置。科层理性下的“部门碎片化”以及条块分割下的“合作行动困境”，成为传统社区治理难以突破的治理限度。在互联网技术与社区治理相融合的过程中，此种限度进一步以“数据碎片化”以及“数据孤岛”的困境呈现。各职能部门外包不同的企业，开发运维不同的管理信息系统，甚至同一部门不同科室的系统也不相同，造成治理数据流动不畅。一方面，这些隶属于不同部门科室的系统互不兼容，数据无法互通难以协同作业；另一方面，社区面对各部门不同的系统，需要重复提交和填报相同的数据，出现数字治理的反向功能，造成行政低效与资源浪费。

（二）基层与上级部门权责不匹配，仍未理顺治理机制

社区治理主体属于基层治理主体的范畴，主要包括社区办事处行政人员、社区党组织人员、社区居委会人员以及相关社会组织等。作为国家治理体系末端，社区治理主体与群众接触紧密，容易发现社区治理中存在的问题，然而他们常常由于权限不足无法及时治理；上级行政管理部门，即区政府机关部门，虽然拥有相关权力、资源，但是对社区情况了解有限，导致社区治理普遍存在“看得见的管不了，管得了的看不见”的状况。在信息技术嵌入过程中，社区治理主体采集了大量鲜活的一线数据并向上报送。但这些数据有去无回，基层组织自身无法使用这些数据，也难以得到

上级部门的数据返回。传统权责不匹配在技术变革背景下延伸为数据治理上的权责不匹配，产生“采集到却用不了”的情况。“互联网+社区治理”模式的有效运行，需要明确强基导向，在厘清权责的基础上，赋予基层充分的办事权限以及相关的数据使用权限，否则，由于“看得见却管不了”“采集到却用不了”，“互联网+”相关实践将不可避免地形式化。总体而言，“大政府小社区”的职权划分，使“互联网+社区治理”的落实缺乏有效抓手。

（三）变革创新缺乏动力，存在思维惰性

传统社区治理方式向“互联网+社区治理”模式变革，社区治理方式、手段和理念显然需要较大的改变。社区治理主体作为变革执行者，一方面，由于文化堕距与路径依赖，对新生事物缺乏深入了解，仅仅从字面意思上理解“互联网+社区治理”，对互联网还停留在传统认知，对技术嵌入缺乏长远的系统性规划，导致变革遭遇重重困境。由此降低了对技术赋能的价值感知，同时增加了对技术嵌入的成本预判。在“难度大而价值不高”的感知预判下，对技术嵌入的变革会产生天然的排斥。另一方面，相关信息系统开发尚未成熟，操作不便利、界面不友好，加上重复性的数据录入与报送，以及信息化培训的时间成本，在社区工作本身面广、量大、内容杂的压力下，创新变革成为社区治理主体的额外负担，极大削弱了社区治理主体推动变革创新的意愿。上级政府部门作为变革管理者，也不太愿意因为变革而进行权责的重新分配，打破原本利益格局。因此，社区治理转型的革新动力不足，无论是执行者还是管理者，均存在思维惰性，“互联网+社区治理”模式在推行过程中成效式微。

（四）技术平台建设资金有限，信息安全问题显现

在技术嵌入治理过程中，网络平台的构建、管理信息系统的运维以及应用软件与小程序的开发等，需要非常高的经费投入。杭州、上海、深圳、厦门等城市每年都投入大量资金建设公共服务互联网平台。然而在经济发展相对落后的小城市，每年地方财政在相关项目上的支出有限，又缺少多元的融资渠道，向上级政府能够申请到的相关经费也不多，同时还存在审批手续、审批时限的影响，因此资金限制也是“互联网+社区治理”模式构建的瓶颈之一。此外，在互联网技术应用过程中，社区居民个人信息安全问题客观存在。一方面，随着大数据、人工智能、云计算等技术在社区治理中的使用，技术风险也随之而来。算法风险、人工智能技术风险等成为数据时代下新的治理问题。互联网的传统风险同样存在，社区居民个人信息库、社区治理数据库等数据平台仍有遭遇黑客入侵的可能性。社区治理人员需要有更新的信息安全风险防范意识与社区居民信息保密意识。另一方面，社区居民在线上保留的“行为数据”有助于治理主体掌握民意、了解民心，但是由于“行为数据”采集的边界尚未明晰，也存在伦理风险。因此，新型治理模式下个人信息安全问题成为社区居民担忧的主要顾虑之一。

（五）社区专业人才紧缺，居民参与度有待提升

我国传统社区工作队伍年龄结构不够合理，大部分社区工作人员年龄为46~55岁，青年人员数量不足，社区工作形成一种“居委会大妈”式的刻板印象。社区工作人员受限于传统的社区治理模式，对新兴的“互联网+”治理方式认知不足。“互联网+社区治理”模式的落地亟须专业素养高、学习能力强的新鲜血液注入。然而，当代大学生群体在就业选择过程中，看重岗位编制、职业发展、福利待遇、社会评价等。地方政府对于大学生参与社区工作的激励性就业政策偏少，社区工作职业发展不够明确，工作平台吸引力不足，致使社区治理人才队伍陷入“招不到，养不了，留不住”的窘境。此外，我国社区治理的核心问题是居民主体性缺失，主要体现为居民对社区公共事务的参与不够。一方面，由于群体中的“搭便车”心理以及去个体化现象，社区居民对于社区公共事务的责任感相对较弱。同时由于部分诉求没有被及时解决而产生的习得性无助，极大削弱了居民参与社区治理的积极性。另一方面，现代社区门户之间的物理封闭性，导致社区凝聚力与社区信任不足，社区平台对于解决社区事务的有效性与重要性被忽略。互联网技术嵌入下共建共治共享的新型治理格局需要更高程度的居民参与，社区居民的积极性与主动性是互联网技术有效嵌入的基本保障。社区居民的低参与度影响了治理数据的采集以及数据库的建立，限制了“互联网+社区治理”模式的应用与推广。

二、北京“街乡吹哨，部门报到”机制解读

“互联网+社区治理”模式通过技术赋能，搭建扁平化网络平台，打破传统科层组织结构，对部门协同、流程优化、数据共享、人才队伍等提出了更高的要求，传统社区管理机制亟待变革。2018年，北京市大力推进“街乡吹哨，部门报到”机制，取得了明显的治理成效，为社区治理机制革新提供了新样板。“吹哨报到”机制的具体实践与运行机理，对打破“互联网+社区治理”模式执行限度将提供一定参考价值。

（一）“吹哨报到”机制概述

2017 年 1 月，为了整治盗挖盗采、环境污染等突出问题，北京市平谷区进行了“乡镇吹哨，部门报到”联合执法链工作机制的初步探索，赋予乡镇绝对领导权、指挥权和考核权，将原先各部门协助乡镇的联合执法转变为乡镇主导的联合执法，并且要求“事不绝，人不撤”。乡镇发出信号，各部门就要听令，由此治理难题得以有效根治。通过总结各区涌现的实践，“乡镇吹哨，部门报到”改为“街乡吹哨，部门报到”，向全市推广。

2018 年，全市大力推进“吹哨报到”机制，在 16 个区、169 个街乡实施试点。“吹哨报到”机制抓住了影响社区治理成效的关键要害，即社区治理力量薄弱，难以协调调动多部门人力形成合力，以及管理缺位等问题。通过理顺条块关系与优化执行流程，有效解决传统社区治理积弊，提高了治理时效性以及居民满意度，为社区治理机制变革提供了新样板。平谷区在实践过程中，开发了“爱我平谷”平台，将该机制拓展为“百姓吹哨，区委政府、部门、街乡报到”，百姓一旦发现问题，也可及时反馈至平台。在此基础上，北京市进一步推动“接诉即办”改革。

“吹哨报到”机制聚焦影响民生的长年积弊问题，如违建丛生、环境脏乱、停车管理、道路缺损等。以交通乱象治理为例，“吹哨报到”机制有效缓解了居民长期抱怨的“停车难”与交通拥堵问题。北京市西城区开发“背街小巷治理”微信小程序，居民可以随时通过微信小程序反映交通乱象，为有关部门提供问题数据。街巷长等“哨兵”在程序后台汇总、分类问题，及时“吹哨”，要求相关部门“报到”，在规定时限内解决问题，并且将处置情况以文配图的形式反馈。此外，微信小程序、应用软件、电话热线等渠道采集的问题数据都汇总到大数据平台，由专业人员对民生数据进行分析研判，找到问题关键，不仅解决旧问题，更进一步预防新问题的发生。

（二）“吹哨报到”机制的运行机理

“吹哨报到”机制的关键是通过党建引领，向基层一线赋权，治理下沉；本质是重塑传统科层制下的条块关系，将“条块分割”转变为“条专块统、条块协同”；核心是以“吹哨”形成问题驱动，“报到”带动部门协同，再造治理业务流程。通过机制创新，理顺管理流、业务流，解决传统治理困境，提升基层治理效能。“吹哨报到”机制从“街乡吹哨，部门报到”拓展到了“百姓吹哨，区委政府、部门、街乡报到”，以互联网技术为支撑，形成民意导向的社区治理模式，建立“接诉即办”的快速响应机制。

发现问题、收集问题、反映问题的“吹哨人”既可以是街乡镇或者社区工作人员，也可以是群众。鼓励社区人人参与，人人皆是吹哨人，有问题即可吹哨。“吹哨报到”机制构建了数字化的吹哨渠道与接哨平台，吹哨人可以通过热线电话、微信、相关 App 进行“吹哨”，各渠道的“哨声”在接哨平台集合汇总，由平台进行分流派件。街乡社区能够自行解决的问题，由街乡社区立即解决；需要其他相关政府部门解决或者协同解决的问题，由街乡社区行使召集权，各部门集中“报到”，协同解决问题，然后将最终办结结果反馈回“吹哨人”。“吹哨人”根据“相关部门是否主动联系”“所诉问题是否解决”“办结结果是否满意”进行评价，将“响应率”“解决率”“满意率”作为街乡镇与相关职能部门的考核标准，形成治理闭环。

（三）“吹哨报到”机制对“互联网+社区治理”模式的启发

“吹哨报到”机制通过机制创新理顺管理流、业务流，提高了基层治理效能，能够为理顺“互联网+社区治理”的数据流提供一定参考。

1. 理顺管理流：重塑条块关系

第一，党建引领治理机制创新。街乡社区通过基层党建网络，将驻街（社区）央、市属单位，相关职能部门、区域内较大单位、社会组织、行业协会等组织起来，同时实行党组织和在职党员“双报到”制度，构建区域化党建，充分发挥党的“政治优势、组织优势、资源优势”。

第二，向街乡党（工）委赋权，包括“参与权”“重大事项决策建议权”“指挥调度权”“考核人事建议权”“协调督办权”“自主支配权”等（依据北京市《关于加强新时代街道工作的意见》）。街乡办事处从被考核对象变成考核主体，提高了街乡办事处对政府各行政部门的绩效考核权重，强化属地功能，提升“块”的组织力与领导力。重塑传统科层制下的僵化的条块关系，变“条块分割”为“条专块统、条块协同”。

第三，治理重心下移。将上级政府掌握的人才、资源、事权向基层下沉，特别是将街乡社区能够自行处置的相关事项的治理事权归位基层。梳理街道职责清单，厘清市、区、街乡三级权责关系，解决长期以来管理缺位的基层治理难题。由此，形成“党建引领、条块协同、上下匹配”的管理体制，理顺管理流。

2. 理顺业务流：再造协同机制

第一，以“吹哨”形成问题驱动。“哨声”即问题，“吹哨”即提出问题并触发问题治理流程的启动。从“街乡吹哨，部门报到”到“百姓吹哨，区委政府、部门、街乡报到”再到“接诉即办”，机制变革不断向纵深推进“哨声”种类、“吹哨”方式、“吹哨人”的范围都在不断拓展。目前，“哨声”主要包括针对综合执法类问题的“日常哨”针对重点工作类问题的“重点哨”针对应急处置类问题的“应急哨”。“吹哨”方式包括 12345 热线电话、微信小程序、社区微信群、应用软件、网站互动栏目、来信来访、媒体曝光、网络舆情等。“吹哨人”既可以是街乡镇或者社区工作人员，“哨兵”也可以是群众，甚至是媒体，所有“哨声”由“哨声”汇总平台进行筛选、分流、派件。

第二，“报到”带动部门协同。通过问题分流，街乡社区无法自行解决的问题，转由街乡社区行使召集权，各部门集中“报到”来解决问题。“报到”的部门除了相关职能部门外，可以依托党建引领，尝试拓展到辖区较大的企业单位、社会组织、行业协会，也可以包括在职党员，将职能范围以外的“剩余事务”以志愿机制解决，实现多元共治。再次，问题治理结果最终反馈回“吹哨人”，由“吹哨人”做出评价，评价结果纳入考核，实行一哨一考，形成问题治理闭环。

第三，“吹哨报到”机制需要依靠互联网技术支撑，建设多源流吹哨渠道。“哨声”汇总平台、线上派结件系统、结果反馈通道等，全程通过现代网络技术，实现“哨声”有效流动、高效办结，全程留痕。由此，形成“多源吹哨、多元报到、快速响应、全程留痕”的协同治理机制，理顺业务流。

三、“互联网+社区治理”模式的优化

结合“吹哨报到”机制，设计“互联网+社区治理”模式的优化路径，形成“互联网+社区治理”的新型模式，有助于构建现代信息技术背景下共建共治共享的社会治理新格局。

（一）向社区赋权，实现治理数据有效使用

传统科层理性导致了管理的碎片化，条块分割造成“合作行动困境”。要树立强基导向，向社区赋权，治理重心下移，重塑条块关系，形成高效数字治理机制，为“互联网+社区治理”模式的构建形成抓手，实现治理数据有效使用。

一方面，街乡社区作为行政末端，对辖区情况、群众诉求、治理疑难杂症最为了解，问题“看得见”还要“管得了”。同样地，社区对采集的数据最了解，相关业务数据要向社区开放使用，社区“采集到”的数据也要“用得了”。

另一方面，推动基层治理数据资源共享，在工作需要的时候，社区与相关职能部门之间、各个职能部门之间、社区与上级行政部门之间，能够通过“数据订阅”，实现“互联网+”背景下的数据协同共享。如同“吹哨报到”机制中的“指挥调度权”“自主支配权”等的下放，应该同样赋予基层适当的“数据使用权”“数据协调权”“数据订阅权”“数据考核权”等。搭建网格化数字平台，形成“条专块统、条块协同”的新治理格局。要梳理街乡社区的数据权责清单，将社区的数据权限与社区职责相匹配。对于社区职责范围内的相关数据，社区主要负责人可以行使“数据使用权”对于社区主导下多部门协同治理的相关数据，社区主要负责人可以行使“数据协调权”“数据订阅权”；对于各职能部门提供的数据质量以及数据的使用情况，社区主要负责人可以行使“数据考核权”。由此，实现社区治理数据的有效使用。

（二）再造社区治理机制，助推治理数据顺畅流动

互联网技术拓宽了社区治理的空间，然而治理数据流动的梗阻限制了这一优势的实质性发挥。借鉴“吹哨报到”机制的运行机理，再造社区治理机制，使“互联网+社区治理”模式能够有机运转。

一方面，“吹哨”带动数据输入。“哨源”即数据源，治理数据体量越大，互联网技术的优势越能发挥，“人人皆是吹哨人”的理念可以促成社区治理数据共建。线上线下吹哨渠道相结合，线下的治理问题也要及时录入。通过线上综合平台将治理数据汇总与分类，治理数据包括日常问题数据、重点问题数据、应急问题数据。

另一方面，“报到”实现数据协同。街乡社区通过行使“数据使用权”“数据协调权”“数据订阅权”“数据考核权”等，各部门到街乡社区报到进行协同治理的同时，彼此向协同部门开放与治理问题相关的数据库权限，充分发挥互联网技术辅助治理的优势。另外，通过顶层设计，规范建设政府管理信息系统。将区域各层级以及各职能部门的管理信息系统统一起来，避免由于系统不兼容问题导致的数据流转困境。2020 年 1 月，国务院办公厅印发《国家政务信息化项目建设管理办法》，对国家政务信息系统的规划、审批、建设、共享和监管作出规定。部分地方也相继出台了相关地方标准，如广西的《政府系统综合办公信息化建设规范》。管理信息系统的规范化需要落实到基层，为“互联网+社区治理”模式的构建提供技术保障。

（三）创新社区治理理念，打造社区治理智慧综合平台

由于文化堕距的存在，理念的更新较于机制的更新往往存在一定的滞后。“互联网+社区治理”模式的有效落地与推广，需要管理者、执行者、社区居民对其持有积极意愿。因此，要更新管理者、执行者以及社区居民的固有理念，实现社区治理理念创新。互联网技术嵌入社区治理，要实现“互联网”与“社区治理”的有机契合。

一方面，要让管理者、执行者以及社区居民三方均感受到通过互联网技术解决社区问题的有效性与便捷性，提升对于技术赋能的价值感知，消除对新兴事物的排斥感。另一方面，在社区治理引入互联网技术的起步阶段，可以外聘相关公司专业技术人员进社区“传帮带”，在相关工作进入轨道之后逐渐撤出。除创新理念之外，还需要技术支撑。要打造社区治理智慧综合平台，实现社区治理数据的采集、整合、分类、流动以及使用。通过平台，使街乡社区、相关职能部门以及上级行政管理部门都能“看得到”问题，问题的处置进度、处置结果也随时可查。正如“吹哨报到”机制构建了融合“吹哨”渠道、“哨声”汇总平台、派结件系统、结果反馈通道的网络综合平台，“互联网+社区治理”可以依靠现代信息技术打造社区治理智慧综合平台，实现居民需求多源流输入、治理数据汇总集合分类派发、多元主体协同治理办结、办理过程监督、办结结果反馈与评价的治理闭环，促成治理问题有效办结、全程留痕。同时，技术人员还可以使用大数据技术对治理数据平台采集与汇总的数据进行分析研判并提前预警，使社区治理工作不仅能够解决问题，还能够预防问题。另外，社区治理网络智慧平台要完善信息公开制度，保护社区居民个人信息，对于居民个人数据信息的采集，应该结合实际情况以及居民个人意愿，制定适当的边界规制。

（四）注重人才培养，提高社区工作岗位吸引力

社区工作队伍是社区治理主体的主要力量，对互联网技术有效嵌入社区治理起关键性作用。“互联网+社区治理”模式对社区工作人员的能力素质提出了更高的要求，要加强社区工作队伍专业化建设。

在“互联网+社区治理”模式下，社区工作人员需要具备多方面职业素

养。一是现代化治理思维。包括智慧治理思维、持续革新思维、问题导向思维等。二是使用现代信息技术的基本能力。包括互联网、应用软件、小程序等的使用，数据的录入、整理与分析等。三是媒介素养。要对互联网时代的舆论传播规律有基本的判断。此外，还应该具备主动创新、主动学习的意识。

针对社区工作队伍建设“招不到，养不了，留不住”的窘况，一要建立科学的人才培养制度，设计制度化的人才培养方案。首先，要围绕社区工作要求以及“互联网+社区治理”模式下所需的职业素养，对新入职人员进行岗前培训。其次，定期开展形式多样的职业培训，如优秀社区观摩、专家讲座、互联网技能课程等。二要畅通社区工作人员职业发展渠道。有调查显示，职业发展前景、晋升空间等是公共部门人力资源管理中的重要激励因素。三要政府出台相关激励性就业政策，如就业补贴政策、定向就业学费减免政策等。

（五）增强宣传动员，提高居民社区治理参与度

在互联网嵌入社区治理的过程中，一方面，社区治理闭环的良性循环需要居民参与，包括提出问题、反映需求、监督与评价：另一方面，大数据技术的有效应用的影响因素之一是数据的体量。越多居民使用互联网平台提出问题或者反映需求，治理数据就越丰富。居民参与度直接影响数据采集与数据库的建立。要发挥社区居民的主体性作用，加强对社区居民的宣传动员，提高社区居民自治意识。通过社区微信群、社区宣传栏、宣传单、座谈会等线上线下相结合的渠道，为社区居民普及参与社区治理的热线电话、应用软件、微信小程序等，使社区居民了解线上参与社区治理的方式，培养社区居民使用互联网技术参与社区治理的习惯。通过设置二维码、开发应用软件与小程序以及网络综合平台等互联网技术，拓宽居民参与社区治理的渠道，提升居民参与社区治理的便捷度，如居民可以通过扫描二维码，进入相关应用软件、微信小程序或者网站平台，了解社区事务、反映问题并监督与评价。通过治理闭环，社区居民的诉求得到及时解决，社区居民可以在线问题查询处置进度、处置结果，并进行满意度评价，提升居民对“互联网+社区治理”模式治理有效性的感知。由此，激发社区居民参与社区治理的积极性，提高居民社区治理参与度。

一言以蔽之，基层治理是国家治理的基石。互联网技术的嵌入与融合，极大重塑了基层治理。“互联网+社区治理”模式搭建的扁平化网络平台打

破了传统科层组织结构，以技术变革牵引行政变革，对部门协同、流程优化、数据共享、人才队伍、居民参与等提出了更高要求。北京市“街乡吹哨，部门报到”实践通过重塑条块关系，再造协同机制，理顺管理流、业务流，为“互联网+社区治理”模式的优化提供了样板。“互联网+社区治理”模式的优化需要革新治理机制，理顺社区治理的管理流与业务流，疏通数据流，使互联网技术有效嵌入社区治理，升级传统治理模式，实现数据协同共享、高效利用。在国家政策的鼓励下，“互联网+社区治理”将会成为现代社会治理的有效模式，助力构建共建共治共享的社会治理新格局。

第三章　社区治理主体与社区能力建设

第一节　社区治理的多元主体

“社区治理是社会治理的重要组成部分，它的一个重要特征就是社区治理主体的多元化。”[①]当前社区能力建设过程中存在很多问题，社区治理的主体承担着不可推卸的责任。

一、社区党组织

（一）社区党组织概述

在计划经济体制下，整个社会由国家根据统一计划、集中管理的原则组织起来以党的基层组织为核心，以经济生产单位为基础、以计划经济体制为框架、以国家全面主导社会为动力，将社会生产和生活全部组织进各种各样的单位组织或单位体系，从而形成以集政治、经济和社会功能为一体的“单位”。改革开放后，中国的政治、经济和社会结构发生了深刻变化。随着市场经济介入，社会组织功能不断分化，集中统一的“单位”被多样化的组织取代，企业逐步成为具有单一经济功能的经济组织，原有的社会职能向社会转移。社会成员从“单位人”向“社会人”转变，突破传统单位制的限制参与到更广阔的社会空间中，在社会参与中进一步实现个性化发展。传统的、建立在单位制基础上的党的基层组织活动空间逐步式微，党的基层组织与原有的社会结构之间的内在契合性面临着很大挑战，必须形成在新的社会结构背景下组织、动员和整合社会成员的新基础和新机制。

社区是我国由传统社会向现代社会转型的过程中社会化发展的基础性场域。通过社区动员、社区组织和社区参与，不同利益、不同职业、不同角色的社会人群得到新的整合。在未来中国社会的发展中，社区必然成为中国社会重要的社会结构单位。

---

① 鲁露，金艾裙．社区治理主体视角下的社区能力建设对策研究[J]．河北北方学院学报（社会科学版），2015（4）：108-112．

（二）社区党组织的工作职责与方式

在新的形势下，社区党组织的工作职责发生了变化，工作方式也随之变化。只有明确当前社区党组织的工作职责，并采取与之相适应的工作方式，才能有效地提高社区党组织的工作成效。

基于不同的社会结构，社区党组织与传统的基层党组织相比，工作难度更大。社区党组织围绕两项任务展开：一是健全和完善党的基层组织及其活动方式；二是巩固和发展党的群众基础，即社会基础。这两大任务决定了社区党组织的工作职责应主要包括以下方面：

一是组织建设。其包括组织本身的建设和组织体系的建设。组织本身的建设，主要体现为居民区党支部的建设。组织体系的建设，一方面，把社区中从单位游离出来的党员重新组织到社区党组织中，实现党组织对党员的组织整合；另一方面，使社区党组织与社区中新成长的各类新经济组织、新社会组织建立起新的联系，从而实现党对社会基层组织的组织整合。这两方面是相辅相成、不可分割的。

二是体制建设。社区党建中的体制建设，围绕民主集中制的核心原则展开，涉及党的组织体制、领导体制、工作体制、监督体制和动员体制等。目的是使党的组织、管理和领导制度化，全面提高党的领导力、影响力、凝聚力和战斗力。体制建设是在充分考虑社区党建内在规定和现实要求基础上推进的，一切从实际出发，实事求是。

三是党风建设。基层党组织直接面对群众，工作作风的好坏不仅关系到党与群众的关系，更关系到党在群众中的基础和形象。因此，基层党组织的党风廉政建设既能强化党组织本身，又能巩固和扩大党的社会基础。关键是使党员和党的基层干部牢固树立全心全意为人民服务的观念，强化公仆意识，充分发挥党在群众中的先锋模范作用，从而全面、深刻地密切党群关系。

四是干部建设。其重点是居民区党支部的干部建设。居民区党支部是居民区的核心力量，是居民所信赖的组织。党的基层干部是党联系群众的直接桥梁，对于巩固和发展党的社会基础极其重要，因此要大力培养优秀的党的基层干部，使这些干部成为社区建设中一个崭新的、具有活力的群体。

五是民主建设。这不仅关系到社区党组织自身的活力，还关系到社区基层民主建设的总体发展。社区党组织在充分利用自身政治资源的同时，要充分利用基层群众自治等社区党组织之外的政治资源。通过社区党组织与基层群众自治之间的有效互动，推进基层群众自治，发展和完善社区党组织自身的民主体制和民主活动方式，使其成为具有活力的党的基层组织。

六是政治动员。这种政治动员主要体现为两方面：一是充分动员社区内的全体党员，尤其是在职党员，参与社区活动和社区建设；二是充分动员驻区单位的党组织，参与社区活动和社区建设。由此形成全面有效的党内政治动员，使党的资源向社区集中，并在社区中获得重新组织和调配，起到推动基层民主建设和拓展党的社会基础的双重作用。

（三）社区党建工作的加强途径

一是构建以党组织为核心的社区组织网络系统。随着改革开放的深入进行，社区的组织和功能日益膨胀，社区公共事务呈现出复杂性、多样性和动态性。社区的有效治理依赖于各类组织的功能分化：行政组织承担行政管理功能，社区自治组织承担居民权益保障与维护功能，社会中介组织与社区服务组织承担专业性服务功能，居民志愿社团发挥互助功能，娱乐志趣性社团发挥文化凝聚与价值认同功能。因此，基层社会治理在从过去纵向性“单一控制模式”“向网络状”“多元合作主义模式”的转换过程中，逐渐形成以"强政党、强社会"为特征，以党组织为核心的社区组织网络系统，这可以有效避免社区内权力结构失衡与社区秩序失范，实现社区治理结构转型。

二是整合社区各类党组织资源，理顺各类党组织关系。构建社区党组织网络节点，整合各类党组织资源。

三是推进非建制协调机构向建制性实体组织转化。结合社区党组织工作机制，形成非权力性、非正式性与非建制性的一些组织，包括社区党建工作指导委员会、社区党建工作协调委员会、社区党建工作联席会、社区党员活动指导委员会和社区党建工作研究会等组织。

四是改革社区党组织的科层结构，增强社区党组织的代表性。

二、街道办事处

街道办事处作为区政府的派出机构，是社区建设中与居民接触最多的基层行政组织。街道办事处在社区治理中发挥着非常重要的作用。

（一）街道办事处的基本性质

第一，街道办事处是设区的市或市辖区人民政府的派出机构，而不是一级政府。它是市辖区或不设区的市人民政府根据行政职能的需要，经市人民政府批准，在某一指定区域内设立的代表机构，并接受市辖区和不设区的市人民政府的领导。它的主要职能是在街道居住区内贯彻执行政府的有关决定、指示和命令，但是，市及市辖区政府的各职能部门，非经市、市辖区政府的批准，都不能直接向街道办事处布置任务。

第二，街道办事处是政府的代表机构。在《城市街道办事处组织条例》中明确规定，街道办事处的任务是办理市、市辖区的人民政府有关居民工作的交办事项，指导居民委员会的工作，反映居民的意见和要求。从街道办事处的实际工作内容来看，街道承担了社会服务和管理职能。街道办事处既是政府，又是社区的管理机构，兼具行政性（政府性）和社区性。在市场经济下，政府职能与社会职能逐步分离。“大政府、小社会”正在向“小政府、大社会”转化，政府承担的社会功能逐步回归社会，社区行政的行政性逐渐减少，社区性不断增加。

街道办事处既是政府在社区中的代表，又可以采取横向联系的方式，尽可能地吸收社区各方面的力量共同参与社区的组织和管理。

（二）街道办事处的结构即功能

1. 街道办事处的基本结构

街道办事处在街道党委的领导下开展工作。街道党委根据市委的授权，对街道的政治、经济、文化和社会发展进行全面领导，支持行政组织、经济组织和群众自治组织行使职权，保证党和政府的各项方针、政策在社区内得以贯彻执行。街道党委一般设立党委办公室、纪工委（行政监察）组织人事科、宣传统战科、工会、妇联、团工委、武装部。街道办事处一般设有行政办公室、城市管理科、经济管理科、民政科、计划生育办公室、社会治安综合治理办公室（司送科）、文教科（街道文化站）和财务科。

2. 街道办事处的主要功能

街道办事处的功能可以归纳为社区管理和社区服务两类。社区管理包括承办区委、区政府的交办事项，负责辖区内的各项事务，办理人民群众来信来访；社区服务主要包括公共事务服务、公益服务、商业服务三个方面。

三、社区自治组织

（一）社区居民委员会

社区居民委员会在社区中具有重要的地位，发挥着极其重要的作用：

一是社区居民委员会是实现人民民主的重要组织形式；二是社区居民委员会是城市基层政权的重要依靠力量；三是社区居民委员会是党和政府联系群众的桥梁和纽带；四是社区居民委员会是“两个文明”建设的重要力量。

居民委员会的内部结构可以从工作人员的设置与工作委员会的设置两个方面来考察。在专职工作人员设置方面,《城市居民委员会组织法》规定：居民委员会由主任、副主任和委员共5~9人组成。居民委员会主任、副主任和委员，由本居住地区全体有选举权的居民或者由每户派代表选举产生；根据居民意见，也可以由每个居民小组选举代表2~3人选举产生。居民委员会每届任期3年，其成员可以连选连任。在工作委员会设置方面,《城市居民委员会组织法》第十三条规定，居民委员会根据需要设人民调解、治安保卫、公共卫生等委员会。居民委员会成员可以兼任下属的委员会的成员。一般来说，居民委员会内部设置六大委员会：治安保卫委员会、社会福利委员会、文教卫生委员会、人民调解委员会、妇女代表委员会和青少年教育委员会。此外，居民委员会还可以成立其他群众性组织机构，如社区服务志愿者分会、计划生育服务站、社会治安综合治理调解小组、外来人员管理小组、红十字会分会、居民委员会社区服务站、居民委员会文化站等。

（二）社区业主委员会

社区业主委员会是一种新兴的群众自治性组织，并在近些年的社区自治中发挥了积极作用，受到了学者和实践工作者的关注。我国业主委员会产生的最直接原因是住房制度改革和商品房市场的形成。随着住房分配货币化改革的不断推进，城市房屋产权逐步个人化，“业主”的概念产生并逐渐深入人心，业主委员会作为代表和维护全体业主权利的自治组织也应运而生。

业主委员会制度的建立，改变了过去房管部门统管的格局，建立了业主自我管理与物业管理专业服务相结合的管理模式，而且，业主通过参与社区管理，可以提高运用民主程序管理自己事务的能力，由此培养人们的民主意识，促进社会基层民主的发展。但在实际的社区生活中，业主委员会并未成为基层社区治理结构中最具决定性的力量，它们的生存处境依然非常艰难。

1. 业主委员会的性质及地位

《物业管理条例》规定，业主委员会是在物业管理区域内，在房地产行政主管部门指导下，由住宅小区业主选举产生，代表全体业主对物业实施自治管理的组织。业主委员会是来自民众的合法自治组织，运作经费来自维修基金，以此区别于其他依赖于政府的社团组织。

业主委员会的地位表现为：第一，业主合法权益的代表。业主委员会是全体业主合法权益的代表，宗旨是保障业主拥有的物业管理和使用中的相关权益，维护本区域的公共秩序，创造整洁、优美、安全、舒适、文明的社区环境。协调居民同物业管理公司的关系，保障社区的良性运转。第二，业主参与社区民主管理的组织形式。业主委员会是业主依据法律、法规，根据民主的原则，确立自治规范，实现自我教育、自我服务和自我管理本区域内的物业活动的一种有效途径。业主委员会为业主参与基层政治提供了机会和平台，有利于增强其利益表达和聚合能力，扩大业主的参与空间和社区自主权。业主委员会与社区其他组织、个人形成良性互动，培育和优化社区民主自治机制，奠定城市基层民主特别是社区自治的组织基础。第三，社区多元治理结构的组成部分。业主委员会的出现，促进了基层治理和社区权力结构变迁。业主委员会成为社区权力结构中的一级，促进了基层社区管理的多元化发展。

2. 业主委员会的建立及机构设置

（1）业主委员会的建立。一般而言，一个物业管理区域只设一个业主委员会。物业管理区域的范围，由区、县房地产管理部门按照住宅与公共设施的具体情况划定。有下列情况之一的，所在地的区、县房地产管理部门，应同住宅出售单位组织召开首届业主大会或者业主代表大会，选举产生业主委员会：公有住宅出售建筑面积达到 30%；新建商品住宅出售建筑面积达到 50%；住宅出售已满两年。满足上述条件之一的，建设单位或业主可以向区、县房地产管理部门提出成立业主大会的书面要求。区、县房地产管理部门接到建设单位的书面报告或业主的书面要求后，应同街道办事处或乡、镇人民政府组织业主推荐产生业主大会筹备组。筹备组由业主代表组成，成员名单应当自成立之日起七日内在物业管理区域内书面公告。

（2）业主委员会委员的产生。业主委员会委员从业主中选举产生，名额分配取决于业主在该物业中所拥有的业权份额，具有较大业权的业主，在业主委员会中应占较多的委员名额；但分散业主也应占有相应比例的委员名额。如果某物业 30%的业权为分散的业主，那么，30%的委员应该由这些分散的业主推选。非业主不得成为业主委员会委员。业主委员会委员应由品德好、热心公益事业、责任心强、有一定组织能力和必要工作能力的成年人担任。有下列情形的人员不得担任业主委员会委员，已担任的须停任，并由下届业主大会或业主代表大会确认：①已不是业主的；②无故缺席会议连续三次以上的；③以书面形式向本会提出辞呈的；④因身体或精神上的疾病而丧失履行职责能力的；⑤被司法部门认定有违法犯罪行为并正在接受调查的；⑥个人已宣告破产或担任企业法定代表人期间企业破产三年内的；⑦其他原因不适宜担任本会委员的。业主委员会委员每届任期为 2～3 年，可以连选连任。在任期届满时，应选举新一届业主委员会。选举工作应由原业主委员会主持，房地产行政主管部门可派人参加，新一届业主委员会名单应报物业所在地的区、房管部门备案。

（3）业主委员会的组织设置。在业主委员会的人员设置方面，业主委员会的人员结构根据物业规模设置，一般设委员 5～15 名，其中，主任 1 名、副主任 2 名。业主委员会聘任执行秘书一人，负责处理本会的日常事务。执行秘书可以不是本会委员。业主委员会主任、副主任、执行秘书可以是专职，也可以是兼职。经业主委员会同意，他们可以根据承担的工作情况获得津贴。在业主委员会的机构设置方面，业主委员会成立后，可以在内部成立若干部门，可以成立办公室、宣传部、监督员部、法律事务部与协调部等部门。办公室作为综合管理部门，负责执行业主委员会决议、接待等日常工作；宣传部负责所有宣传工作；监督部负责联系业主、收集意见、起草文案；法律事务部负责相关的法律工作、文案审核；协调部则主要负责业主委员会和开发商之间的工作协调。有的小区还会成立专项事务小组，征求业主意见，与相关部门沟通，向业主委员会提交进程报告，尽力促进有关问题的合理、有效解决。

四、社区社会组织

从社会组织的社会关联出发，社区社会组织（也称为“社区自组织”）是指以社区居民为成员、以社区地域为活动范围、以满足社区居民需求为目的，在政府扶持和社区居民委员会指导下，在法律、法规允许范围内，由居民自发组织，介于社区主体组织（社区党组织、社区居民委员会）和居民个体之间的组织。从社区社会组织的功能出发，社区社会组织可以界定为独立于政府之外，处于政府和社区成员之间的，以联系和动员社区成员参与社区活动、支持社区发展为主要目标的社区层面的各类非营利组织。从组织性质出发，社区社会组织界定为社区组织或个人在社区范围内单独或联合举办，在社区内开展活动，满足社区居民不同需要的非营利组织，包括正式登记的具有合法身份的社区社会组织和还没登记的不具有合法身份的社区准非营利组织。综合以上各种说法，可以看出社区社会组织是社区治理的主体之一，而且是在社区地域范围内，为社区居民提供公共服务的非营利组织。

社区社会组织在加强社区管理、推进社区自治、拓展社区服务、培育社区意识、化解社会矛盾、整合社会资源、凝聚社区力量、活跃社区文化、推进公益事业、加强精神文明建设中日益显现出其独特的优势，是构建和谐社区的不可或缺的力量。

（一）社区社会组织的分类

根据社区社会组织涉及的领域，可以将其分成：①文化、教育、体育活动类，如社区、学校、文艺表演队、健身队等；②社区福利类，如社区托老所、社区敬老院等；③维护权益类，如社区法律援助中心、社区环境保护协会、调解委员会、信访代理室等；④社区服务类，如社区食堂、助老服务社等；⑤社区管理类，如业主委员会、业主委员会工作室等；⑥志愿类，如社区志愿者组织、义工组织等。根据组织的法律地位来划分，社区社会组织可以分为正式登记注册的、在街道或居民委员会备案的、未登记也未备案的三类。根据组织目标与受益者之间的关系，可将社区社会组织分为经营类组织、慈善类组织和互助类组织。

（二）社区社会组织的特性

社区社会组织能够通过各种活动和服务参与社区治理，弥补政府和市场公共服务的不足，是社区治理的重要社会力量。社区社会组织既有一般社会组织的共性，又具有自己的个性。

1. 一般非营利组织的共性

（1）民间性。它不是政府行政系统的组成部分，除遵守国家法律、政府的行政法规外，组织内部的人员安排、业务活动等方面不受制于政府。

（2）自主性。组织成员自己管理自己，组织的领导人由组织成员自己选举或推选产生，不由其他组织指派，活动内容和活动方式由组织成员自己决定。

（3）志愿性。一个居民是否要成为某社区社会组织的成员，完全出于自愿。成员是否参加组织的活动，也是根据自愿的原则。

（4）群众性。不受党派、政治面貌的限制。

（5）非营利性。组织开展的各种活动不以营利为目的，在有经济条件的地方，社区社会组织可从社区居民委员会获得一些活动基金，在经济条件较差的地方，则需要通过收费，但这些收费只用于本组织活动经费，而不是用来营利。

2. 社区社会组织的个性

（1)社区性。社区社会组织产生于社区，其组织成员来源于社区居民，其组织活动范围一般只限于本社区范围。

（2）松散性。组织成员具有较大的自由度，加入组织的资格和参加组织活动，不像一般的非营利组织那样严格。即有兴趣、有时间则参加，否则不参加，完全由自己决定。

（3）非正规性。加入社区社会组织不用通过介绍人，不用经过组织审批，其加入资格就是本社区居民、加入条件就是本人兴趣。

（4）非法人性。大多数社区社会组织规模较小，并没有达到去民政部门登记注册的条件，因此，它们多是经街道办事处、社区居民委员会同意成立并备案的，属不登记范围，其本身不具有法人地位。

（5）本土性。社区社会组织根植于本社区，土生土长，这一点与许多外来的非营利组织进入社区开展工作和活动不同。

五、物业管理公司

在当前各社区治理主体中，物业管理公司属于营利性组织，它是随着我国房屋商品化的过程发展起来的，并在社区治理中发挥了重要作用。

按照国务院制定的《物业管理条例》中的规定，物业管理公司是指取得物业管理企业资质证书和工商营业执照，接受业主或者业主大会的委托，根据物业服务委托合同进行专业管理，实行有偿服务的企业。

根据建设部《城市新建住宅小区管理办法》第八条的规定，物业管理公司的权利和义务分别如下：

（一）物业管理公司的权利

（1）物业管理公司应当根据有关法规，结合实际情况，制定小区管理办法；

（2）依照物业管理合同和管理办法对住宅小区实施管理；

（3）依照物业管理合同和有关规定收取管理费用；

（4）有权制止违反规章制度的行为；

（5）有权要求管委会（相当于业主委员会）协助管理；

（6）有权选聘专营公司（如清洁公司、保安公司等）承担专项管理业务；

（7）可以实行多种经营，以其收益补充小区管理经费。

（二）物业管理公司的义务

（1）履行物业管理合同，依法经营；

（2）接受管委会和住宅小区居民的监督；

（3）重大的管理措施应当提交管委会审议，并经管委会认可；

（4）接受房地产行政主管部门、有关行政主管部门及住宅小区所在地人民政府的监督指导。物业管理公司须向工商行政管理部门申请注册登记，领取营业执照后，方可开业。

第二节　社区治理主体的角色与功能

"社区治理是一个生态系统，其生存和良性运转需要各治理主体在明确自身角色和地位的基础上，发挥应有的主体功能和作用，从而形成参与社区治理的合力。"②

一、社区治理主体角色与功能的发展变迁

社区作为多种因素相互交织并共同作用的场域，是社会的基本单元。因而，可以选择以国家与社会关系变迁为观察视角，探索未来社区治理的改革之道：在回溯我国社区治理历史变迁的过程中，立足于社区治理主体的现实结构关系，寻找和定位各自的角色。鉴于此，本节以社区事务的决定权和行动权为着眼点，聚焦社区治理中各行动主体的结构行为关系，将社区治理模式划分为全能政府模式、嵌入式"三社联动"模式、增能式"三社联动"模式、参与式"三社联动"模式，并以需求表达、问题讨论、活动策划、公约制定、产品提供、资源链接六个变量为基础，将不同时期的

---

② 吴成峡，张彩云. 社区治理主体的角色认知与功能再造[J]. 江汉论坛，2018(7)：118-123.

社区治理：主体纳入同一个分析框架中，通过分析不同社会结构下政府、社区居民委员会、社会组.织、社区居民对社区治理现实中决定权和行动权的掌握和行使情况，观察其地位和行为关系的变迁，探讨社区各治理主体的角色与功能。

（一）全能政府模式的发展

在新中国成立初期，国家为尽快稳定社会秩序，采用计划经济的方式对物资进行统一调配。而单位作为城市社会的基本构成要件，是国家体制分支上的一个纽结。一方面，单位成为集生产生活服务、社会公共服务、社会保障以及社会管理功能于一体的“泛功能化”的组织，为进入单位体系管理的人提供公共服务，另一方面，为整合单位体制外的人员，街居组织开始组织居民开展生产自救，为部分居民提供生活来源，设立了诸如清洁卫生委员会、生活福利委员会、照顾烈属委员会等基层群众自救组织。至1956年年底，居民委员会几乎已遍布全国城市，此时的街、居委会一定程度上也充当着单位体制的扩充源。单位制是当时城市基层社会管理与服务的基本组织架构，单位成为城市基层政权在城市基层的延伸和国家权力在基层社会的渗透，尤其是单位作为城市基层社会政府的基本控制与服务的主导角色，其主渠道地位是很明显的。

随着计划经济体制向社会主义市场经济体制转变，单位体制下同质性较强的居民结构随之被打破，这导致依靠单位制满足居民的所有需求已不再可能，城市社区迫切需要新的管理模式。1985年，民政部在推广四级福利服务网络化经验后，便在全国城市开展了以民政对象为主体的“社区服务”。该时期的社区服务主要是为特殊群体提供福利性服务和为普通居民提供便民利民服务，参与并完成社区服务的主体也主要是民政部门和基层政府的卫生、教育、劳动等部门。

在该模式下，政府是城市社会的唯一治理主体，公共权力资源的配置呈单极化，实行自上而下的垂直式管理，政府及其下属单位几乎包揽社会成员一切社会事务。其显著特点是权力和资源在行政体制内封闭循环，社区其他治理主体缺少生长空间，行动僵化。在此过程中，政府以微观直接参与者的角色主导社区建设，依靠自身独有的权力和垄断性资源，将社区行动权和决定权掌握在自己手中：在社区治理中的需求表达、问题讨论、活动策划、公约制定、产品提供、资源链接等方面，都发挥着全能和全权的功能作用，从而代替了其他治理主体的行动角色，不免存在着角色越位的问题。社区居民委员会则是政府在基层社会的“代言人”，在社区治理中代替政府扮演着产品“提供者”的角色。而社会组织和社区居民的角色和功能作用被社区行政化禁锢，几乎未得以体现。

（二）嵌入式“三社联动”模式的发展

20 世纪末，社会环境和社会结构发生重大变化，传统全能政府模式下的社区服务已难以满足社区居民多样化的服务需求。在国家倡导、地方实施、社会创新的基础上，多种“模式性”社区服务开始日渐显现。尤其是在 2003 年，上海率先尝试购买社工服务，将社会工作的技术和方法引入社区建设中。此后，上海经验便开始走向全国，成为广州、深圳等多地借鉴实施的参照。在该时期的实践探索中，形成了嵌入式“三社联动”模式。

该模式主要是建立社区、社会工作者和社会组织三者之间的联动机制。政府借助公共政策、资金支持，通过市场化、社会化的运作形式购买服务，由专业的社会组织为社区居民提供服务。这一过程主要为：社区居民委员会基于自身对社区的了解程度，自主讨论社区问题，并作为联系居民和政府的中介，代替居民进行需求表达。在多种需求成为政府购买服务清单内容后，再由政府采用向社会公开招标或定向委托的方式，由中标的社会组织进入社区策划活动、链接资源、制订公约并向居民提供产品。这使社区建设由以往的政府决定和行动，变为社会组织决定和行动。

可以发现：在该模式下，明显改变的是以全能主义为特征的政府职能正逐渐过渡给社会组织来承担，社区行动权和决定权从政府手中转移到了社会组织手中。社会组织在需求表达、问题讨论、活动策划、公约制定、产品提供、资源链接中都具有较强的自主性，但由于社会组织“受权力本位和资源依赖的制约”，在社区服务中注重增强社区对服务的依赖性，弱化了社区自身的组织化功能。其关注服务而非组织居民的角色失效问题，导致了社区和居民的角色缺位，出现了“政府、社会在行动，社区居民不行动”的状况，社区居民委员会和居民的角色和功能在此模式中并未得到有效彰显。

（三）增能式“三社联动”模式的发展

嵌入式的“三社联动”在推动社区服务发展的同时，也带来服务成本过高，社区居民委员会负担加重，居民的角色和功能在全方位的服务中沉寂等一系列社区问题。如何有效地改变这一状况便成为基层地方政府创新社区建设关注的问题。2013 年，在成都市成华区、济南市历下区等多地的实践中，社区治理模式逐渐演变为增能式“三社联动”，“增能式”三社联动是政府通过制度激励、资金扶持，大力加强社区居民委员会的专业能力建设，鼓励社区居民委员会策划和运作社区公益服务项目。首先，通过专业社工方法的训练，由社区工作者通过“问题诊断技术”和“需求调查技术”引导社区居民自我表达参与公益服务的意愿，将话语权充分交给居民。其次，采用“公益项目策划技术”“公约协商技术”“社区社会资源链接技术”等一系列完整的技术，将社区治理的问题讨论权、活动策划权、公约制定权、产品供给权、资源链接权交予社区居民，从而引导居民进行自我管理、自我服务，激发居民行动的积极性。在此过程中，政府并没有简单地下放权力或是单纯依靠专业的社会组织向社区居民提供服务。而是注重增强居民和社区居民委员会的行动意愿和行动能力。然而，由于过度强调社会组织退出以交还社区自主空间，一定程度上弱化了社会组织的功能发挥，导致其在社区治理中处于角色失位状态。

总起来看，在“三社联动”的两种实践模式中，社区治理的决定权和行动权由不同的社区治理主体掌握和行使，但其共同点都在于：政府不再是权力唯一的合法来源，政府与社区、社会之间的关系得到了一定的调整和改善，社会力量逐步得到培育和发展，社区治理主体也逐渐多元化。各治理主体的角色和功能在不同阶段也都得到了不同程度上的体现。然而，需要注意的是：尽管在嵌入式“三社联动”和增能式“三社联动”时期一直倡导社会力量与政府拥有平等的话语权，并且各地也做了许多实质性的改革和探索，但在多元参与的社区建设历程中，社区治理主体的角色和功能在不同的实践阶段都出现了或有或无，或强或弱的状态。

二、社区治理主体角色与功能的重构

在社区治理主体角色和功能变迁的历程中，无论是全能政府模式还是嵌入式或增能式“三社联动”模式，政府一直作为积极的行动者，寻找改革的方向，并且，随着社会力量的培育和发展，专业的社会组织也积极参与到社区建设和治理中，社区居民委员会随着政府体制的变革悄然发生变化，社区居民在外部驱动和内部引导的过程中也逐渐发挥自身的作用。然而，随着治理主体的多元化，上述实践模式中所出现的角色越位、失位或缺位等问题也一直制约着社区的发展。而破解这一难题，需要对各社区治理主体的角色有一个明确的认知，重构社区治理主体的角色和功能关系。

（一）政府的角色认知与功能再造

从我国社区建设历程中可以看出，社区建设的动力最初来源于政府，政府在社区建设中的主导地位是不可否认的。尤其是在当前我国市民社会发展不完善、社会力量较为弱小、政府拥有独特性权力和资源的“强国家—弱社会”背景下，社区建设更需要政府发挥统揽全局的主导作用。然而，政府主导并不意味着政府全能或包办。政府作为社区治理主体之一，与其他治理主体均是平等的参与者，不存在领导者与被领导者之间、管理者与被管理者之间的明确界限。因而，细化政府在社区治理中的主导角色是必须要面对的问题。

结合社区治理主体的角色和功能变迁历程，可以将政府在社区治理中的角色细化为以下三种：一是统筹规划者的角色。这一角色是基于政府具有维持基层社会稳定与持续的社会管理职能而提出的，主要表现为政府不再单纯依靠行政力量进行直接干预，而是通过公共政策支持、公共财政扶持营造良好的外部环境，对其他治理主体进行合理有效的规范与监督。二是引导培育者的角色。这一角色要求政府在社区治理中要善于借助“外力”，将权力逐步下放给市场和社会。主要表现为政府为促进社区治理多元化，一方面要积极进行体制机制创新，疏通社会力量参与社区治理的渠道；另一方面要积极孵化和培育社会组织，为社会组织的发展提供技术和资金支持。三是服务供给者的角色。这一角色是由政府的固有职能所决定的。社区治理和发展需要必要的物质保障，政府作为公共物品的重要供给主体，为社区提供必需的公共物品是其应有的责任。

因而，在社区治理中，要注重发挥政府以下功能：一是发挥政府的政策创制功能，政府应通过创.制政策，完善社区事务的运行机制，强化对社会工作人才队伍的建设，健全项目购买和补贴等吸引社会力量进入社区的相关制度，同时，注意加强对各社区治理主体的管理和监督。二是发挥政府的公共服务供给功能。政府应积极履行自身的本职工作，为社区提供居家养老、专业社工服务以及卫生工具和健身器材等公共设施，为社区发展提供基本的物质保障。同时，政府应扩大购买社区服务的规模和范围，积极向社区社会组织、社会服务机构以及其他社会力量购买服务。三是发挥政府的引导共治功能。政府应主动调整与市场、社会的关系，通过多维赋权方式把适合市场和社会做的事情交给市场和社会，形成政府引导、群众组织参与、专业团队管理、政府公众监督、社会民众受益的模式。此外，政府还可以通过外引专业社会组织、内育社区社会组织的方式培育新兴治理主体，搭建多方平台，推动多方资源共享互动。

（二）社区居民委员会的角色认知与功能再造

城市居民委员会作为《中华人民共和国城市居民委员会组织法》明确规定的基层群众性自治组织，具有天然的法理属性。而在历史长河中，社区居民委员会逐渐演变成“拾单位之遗，补单位之缺”的组织。如何定位其角色，是认识和发挥社区居民委员会在社区治理中作用的关键。

结合社区治理主体的角色和功能变迁历程，可以将社区居民委员会的角色扮演主要归纳为以下两种：一是自治引导者的角色。主要表现为社区居民委员会通过多种方式引导社区居民表达自身需求，发现意愿居民、培育居民领袖，并引导居民领袖带领社区居民开展社区治理活动，实现居民组织化，最终将社区事务的行动权和决定权交给居民，与此同时，社区居民委员会积极孵化社区社会组织，借助自身的政治优势，与政府互动。争取项目，为居民参与社区治理营造良好环境。二是资源链接者的角色。主要表现为社区居民委员会通过创新资源链接方式，与外部企事业单位等社会力量建立资源对接联系，向社区内部输送资金、技术、人力、物力等资源要素，为社区治理主体的治理活动提供资源保障。

因而，在社区治理中，要注重发挥社区居民委员会以下功能：一是发挥社区居民委员会的自治引导功能。一方面，社区居民委员会自身需要树立“助人自助”的社会工作理念，坚持参加社区基层工作人员的专业教育培训。另一方面，社区居民委员会要协助社区引进社会组织中具有较强社会工作技能、专业社会工作教育背景和社会工作经验丰富的专业社工人才，促使社区工作者队伍不断提升知识素养，学会运用专业的社工技术和方法，发现居民需求，增强居民自治意识。二是发挥社区居民委员会的资源链接功能。一方面，社区居民委员会要积极参加关于常态业务、专项工作的专题会议，将社区工作理论与社区实践相结合，进一步提升自身的业务能力和资源链接能力；另一方面，社区居民委员会可以尝试通过以资源换资源、资源换服务以及服务换服务的方法，积极链接辖区医院、学校、商超、银行等企事业单位和其他社会力量，为社区提供资金、场地、人力等服务支持。

（三）社会组织的角色认知与功能再造

社会组织能够动员和集中大量的社会力量和资源参与国家建设、帮助政府解决一些容易被忽略的边缘问题和涉足政府相对薄弱的领域。因而，需要发展和壮大社会组织力量，使之成为基层社会治理结构中的重要主体。

结合社区治理主体的角色和功能变迁历程，可以将社会组织的治理角色主要细分为两种。一是社区协助者的角色。这一角色是指社会组织协助政府转变职能，通过政府购买服务的方式，进入社区进行服务产品的供给，同时协助社区居民委员会开展社区自治。二是社区增能者的角色。这一角色是指社会组织在服务社区居民的同时，通过运用专业的社工技术，对居民的需求表达、活动策划、公约制定进行引导，赋予社区居民现代化的治理理念和治理技术，逐渐提高其自组织能力。

因而，在社区治理中，要注重发挥社会组织以下功能：一是发挥社会组织的服务功能。一方面，社会组织应组织专业社工人才参加政府组织的考前培训和业务培训，以能力建设为重点，加强对持证社工的价值理念、专业理论、实务技能的训练，增强社会组织自身的服务能力。另一方面，社会组织应利用自身的专业优势，通过专业社工方法细化社区需求，组织开展社区需求调查，与社区进行资源互补和服务需求对接，增强自身满足居民需求和承接政府购买服务项目的专业能力。二是发挥社会组织的增能功能。社会组织在服务社区的同时，应通过运用专业社工技术，陪伴社区居民委员会孵化和培育社区新的社会组织，并引导、组织和增能社区居民，促使居民发现社区治理需求，进行自我服务。

（四）社区居民的角色认知与功能再造

在具体的社区治理中不仅要以居民主体的需求为目标导向，还要以居民自治及其公共性利益为重心，社区居民对公共事务的参与构成了社区治理的重要方面。因而，在社区治理中要充分调动人的主动性和创造性，加强人的能力建设，积极动员社区居民参与，培养社区居民参与意识，增强社区居民参与能力。

结合社区治理主体的角色和功能变迁历程，可以将社区居民的角色主要细分为以下五种：一是需求表达者的角色。社区是居民的，社区需求要由居民来表达，而社区居民委员会只是居民需求的发现者，应该与政府以及社会组织一起为居民提供需求表达渠道。二是问题讨论者的角色。在社区治理中，社区居民作为社区的重要主体，对于社区中所出现的问题，有责任进行讨论、反映、尝试解决。三是活动策划者的角色。即社区居民通过平等协商，制订出自己活动的主题和具体方案，自主策划社区治理活动。

四是公约制定者的角色。即社区居民在专业社会工作技术和方法的引导下，针对社区治理中存在的问题，在协商的基础上形成共同认可的自治公约。五是服务提供者的角色。即社区居民在居民领袖的带领下，力所能及地利用社区现有的治理资源，在自治公约的规范下，自己解决社区问题、进行服务产品提供。

因而，在社区治理中，要注重发挥社区居民以下功能：一是发挥社区居民的需求表达功能。社区应积极开通居民听证会、社区对话、院落自治等参与渠道，针对涉及社区和群众切身利益的重要事项，引导居民提出自治议题、开展协商讨论、进行民主决策和民主管理。二是发挥社区居民的问题讨论功能。对于社区中所出现的公共问题，应以尊重居民意愿为基础，广泛收集居民意见和建议，引导居民参与，协助社区共同寻找破解路径。三是发挥社区居民的活动策划功能。应通过协商对话，坚持“只有不同，没有对错”的宽容原则，采取“你说我听”“我说你想”的讨论方式，给予居民充分的发言权和决定权，由居民自主制定主题和行动方案，自发开展文体娱乐、外出游玩、公益捐赠等活动，在有效的社区活动中，促进居民交流，增进邻里感情，增强居民对社区的认同感。四是发挥社区居民的公约制定功能。应引导社区居民思考自身能够做什么，形成关于居民活动时间、地点、次数以及基本行为规范的公约，共同规范自身行为，进行公约自治。如可形成院落打扫的楼道自治公约、开展公益活动的志愿者队伍规范公约、进行社区住户矛盾化解的业主委员会公约等。五是发挥社区居民的服务提供功能。社区居民应在领袖团队的带领下，自觉遵守公约，利用社区现有的治理资源，解决社区问题、提供服务产品，从而达到自己服务自己的目标。

三、社区治理主体角色与功能关系的走向

从社区治理实践中，我们可以清晰地发现：随着社区建设历程的变迁，各社区治理主体的角色和功能逐渐体现，并逐步走向完善。在全能政府模式下，政府主导着“总体性社会”的构建，从公共政策支持到公共财政扶持，从社区问题讨论、需求表达、活动策划到社区公约制定，产品提供、资源链接，都在政府的包办范畴之中。在该模式下，社区作为管理的基本单元，社会组织和社区居民对于社区治理公共服务的决定权和行动权并未得以体现，从而造成居民冷漠、社会无行动的局面。在嵌入式“三社联动”

模式下。政府让渡部分资源和权力给社会组织，由社会组织进行活动策划、公约制定、产品提供、资源链接。在此过程中，社区居民委员会承担问题讨论和需求表达的功能却逐渐被边缘化。与此同时，社会组织以迎合居民需求为重，导致社区居民产生依赖心理，只愿享受服务而自身却无行动。在增能式“三社联动”模式下，政府在进一步认清自身角色定位的基础上，加强制度供给和资金投入，注重社区居民委员会的能力建设，向社区居民委员会赋权增能，使其逐渐重回引导自治角色。社区居民作为社区主人翁的身份也逐渐得以显现，逐步掌握和行使社区治理公共服务的决定权和行动权。然而，在这一时期，由于弱化了社会组织的功能，社区治理又出现了社会组织缺位的状况。

社区的本质和属性决定了社区建设的社会性和全员性，社区中的所有主体都有平等的权利，遵循共同认可的规则，民主地决策社区公共事务。而国家或政府的过度膨胀不仅会压制社会和个人的自治空间，甚至会导致政府不堪重负：不仅无力承担社区建设的重任，还有可能破坏社区内在的“生态环境”。社区治理主体角色关系的理想形态应为参与式“三社联动”。在该模式下，政府从微观社区治理领域退出，以宏观间接主导者的身份参与社区治理，通过多维赋权方式把相应的事情交给市场和社会。政府作为统筹规划者、引导培育者、服务供给者，在公共政策支持、公共财政扶持、社会服务购买和社会能力建设中发挥自身独特的权力和作用。社区居民委员会作为自治引导者和资源链接者，对外链接资源、对内联系居民，为社区居民的社区行动提供行动要素和条件。社会组织作为协助者和增能者，通过专业社工技术和方法，协助社区居民委员会引导居民参与，促进社区居民自治。社区居民作为社区的需求表达者、问题讨论者、活动策划者、公约制定者、服务提供者，通过自身能力的发挥，解决问题、提供服务。真正践行“社区是居民的”理念。

社区治理是多元行动主体角色和功能的动态调整过程，这一过程是政府主导、社区（“两委”组织）引导、社工陪伴、社会扶持、居民自治的整体性变革。而社区治理主体的角色认知和功能再造也并不是单纯发挥各个治理主体的角色功能，而是在整个社区系统内将治理主体的角色功能进行有机联系、相互补充，从而形成一个持续运作的多元主体协同机制。对于地方治理来说，参与式“三社联动”更是社区治理主体关系未来的一种渐进式改革走向，它在不改动现有体制的情况下，明晰社区多元主体的角色，界定社区多元主体的行为边界，为社区治理主体功能的发挥提供可行性参照。

第三节　社区治理主体能力建设的提升

社区能力建设是指以社区为对象进行的能力建设，社区是能力建设的主体，通过对社区内部结构的优化实现能效的提升。社区治理主体是社区内部结构的重要组成部分之一，通过对社区治理主体的研究，提高社区主体的社区治理能力，优化社区内部组织力量，提高社区效能与社区能力建设。

一、社区能力建设中社区治理主体的困境

社区治理主体的多元化特征，必然导致不同的主体在社区能力建设过程中存在不同的问题。下面主要社区自组织和社区居民两个治理主体角度对社区能力建设进行分析。

（一）社区自组织能力建设面临的难题

在政府的统一规划和指导下，社区自组织在社区能力建设方面发挥着重要作用，但是社区自组织在社区能力建设中同样不可避免地存在着许多问题。

第一，社区工作人员整体素质偏低，缺乏专业知识，服务能力有待进一步提高。社区工作者多是离退休干部、教师、职工和青年志愿者等，缺乏专业的社工人才。所以，社区工作的开展缺乏专业技术的指导，系统的理论指导也比较匮乏。社区工作只有在实践摸索中进行，缺乏制度化的管理，社区工作开展比较困难，存在大量问题。在实践摸索过程中无疑会存在各种各样的困难，而专业社会工作者的缺乏必然拖延解决问题的时间，导致社区工作效率低下。另外，作为社区工作人员的退休干部、教师等，既存在身体方面的问题，在思想上也较为保守和传统。创新的思维和工作方法有利于为社区治理工作注入新的活力，但是保守和传统的思想观念则会禁锢创新观念的产生，不利于社区能力建设的创新。青年志愿者的社区参与度随机性比较高，对社区了解时间短且不够深入，无法为社区能力建设提供长时间服务。

第二，社区自组织管理工作任务繁重，决策能力较弱。一方面，社区自组织存在资金、场地和人才不足的问题，很多工作无法按预期设想开展，

也达不到预期效果。另一方面，社区自组织还要承担政府和社区安排的事务，自组织自身还要为社区居民开展服务活动，管理任务繁重。每一场活动都需要经过精心的组织、策划和部署，社区每月需安排各种活动满足不同居民的需求，有些常态化的活动更是每月都要举行。大量的活动安排烦琐而细致，导致社区自组织服务范围广、服务能力低，无法很好地满足居民需求。社区自组织还存在受他组织干预过多的情况，决策能力较弱。组织孵化能力强的社区，在一个社区内可能存在多个社会组织，社区还需均衡各个社会组织的发展情况。所以，社区自组织的发展还会受到其他方面力量的牵制，无法随心所欲地做出科学的决策。

（二）居民参与能力建设面临的难题

政府部门或社区自组织开展工作的最终目的是为了提高社区居民生活水平，促进邻里和谐与社会和谐。居民利益是社区工作的出发点和落脚点，居民也是社区能力建设主体中不可或缺的重要组成部分。

作为社区治理主体以及社区能力建设的直接受益人，居民在社区治理能力建设中存在以下问题：

一方面，在社区能力建设中，社区居民存在参与意识薄弱，参与水平比较低等问题。在“陌生人”社会，居民普遍存在群体意识淡薄的问题，对于社区能力建设缺乏参与感，认为社区建设与己无关或凭一己之力无法改变一些既定事实，把社区能力建设寄望于政府或社区居委会等组织，从而对参与社区建设无动于衷，甚至连社区的党小组会议也会因为参加人员有限而无法开展。身为思想政治觉悟较高的党员都缺乏参与活动的积极性，普通社区居民难免存在参与意识淡薄的问题。

另一方面，居民参与社区建设多流于形式，参与浅层化。活跃于社区活动的人群多为老年人或放学、休假的少年儿童，而社区真正的主体——青壮年人群却因工作等原因对社区情况知之甚少，由于时间冲突或其他原因无法或极少参与社区建设。受自身文化素质等因素的制约，很多时候居民的参与主要集中于社区安排的服务活动或社区选举，居民没有真正表达意愿或提出社区治理建议的权利，无法真正参与到社区能力建设中，居民参与治理层次薄弱。

二、社区治理主体存在问题的原因

各社区治理主体在社区能力建设中存在不同的问题，而产生问题的原因也各不相同。通过分析可以发现各个治理主体存在问题的根源。

（一）社区自组织能力建设问题的成因

相对于政府而言，社区自组织在社区能力建设过程中存在的问题比较复杂，既有自身方面的原因，也有外界因素的干扰。

第一，社区自组织在社区能力建设中存在主体自身方面的原因。首先，社区的党建工作没有做好，基层党组织的建设不够健全和完善，导致社区自组织没有党的核心领导，缺乏主心骨，同时缺少组织的凝聚力以及战斗力。没有社区基层党组织的指导与牵引，必然导致自组织社区能力建设缺乏奋斗目标与向心力。其次，是社区自组织发育不健全，NGO（非政府组织）及志愿者组织年度总支出规模太小，社区工作人员接受和学习新知识的观念淡薄，学习和接受新知识的速度比较慢。缺乏提升服务的意识，认为社区工作接触的是基层群众，不需要为其提供高质量的服务，各工作人员之间工作可能重复，存在相互推诿的现象，工作效率不高。最后，社区自组织内部缺乏监督。没有监督的社区自组织工作效率低下，工作质量不高且缺乏竞争意识与创新意识，阻碍社区自组织发展。

第二，社区自组织在社区能力建设中受到外部原因的影响。首先，物质基础比较薄弱，活动场所有限；资金来源和财政支持匮乏，社区活动和社区建设难以开展。其次，社区自组织没能很好地减少社区能耗，积极与自然生态系统达到和谐融合，也没能得到广大社区居民的积极支持。在信息化时代，社区的信息化建设不够，社区自组织在社区能力建设方面没有科学技术力量的支撑。最后，社区自组织受传统计划经济及政府干预过多的影响，在体制设计方面存在许多问题，如文件、会议、审批多，但是具体的治理措施却难以实行，社区工作行政化倾向严重。

（二）社区居民参与的制约因素

不同于政府和社区自组织，作为参与社区治理的个体，社区居民参与社区能力建设的影响因素有很多。研究显示，在社区参与程度上女性高于男性。女性较男性而言，更加关注自己身边的事物，并且为了维持正常的家庭生活，女性离开家门在社区活动的时间更多，进而无形中增加了与社区接触的机会。大学本科以上者参与水平高于教育程度较低的居民。由于接受教育的程度不同，居民对于参与社区治理工作的意识也存在差异，本科以上学历者能明显感知到自身是社区组织的一分子，有义务与权利参与社区建设，但是教育程度低的居民则缺乏此认知。上网时间长、社会资本存量高者参与度高。这一类人群对于社会关注度高，同样他们也会把目光聚焦在自己所在的社区，参与意识较高。

社区居民对于社区能力建设缺少主动性及热情，对社区缺乏归属感等是导致居民社区能力参与程度低的主要原因。由于对社区缺乏归属感，居民会产生社区建设好坏对其自身并无影响的错觉。同时，对于社区认同度高的居民，参与社区能力建设的积极性也相对较高；对社区缺少认同感的居民甚至会对社区能力建设持反对态度。这些都是降低居民参与社区能力建设的重要因素。

三、社区治理主体能力建设的提升对策

要达到提高社区治理效果，必须加强社区治理主体的能力建设。针对上述问题，可通过以下策略实现社区整体效能的提升：

（一）增强社区自组织建设

有了政府在宏观层面的政策支持，作为中观层面的社区自组织是社区能力建设的中坚力量，起到了上传下达的作用。增强社区自组织能力建设主要包括以下几个方面：

第一，提高社区自组织工作人员素质。一方面，应当提高工作人员服务群众、学习新知识和接受新观念的意识。社区工作人员也是人民的公仆，以高质量的服务造福群众既有利于充实自身，为自身发展奠定基础，又有利于切实为居民做好服务工作。另一方面，要加大对社区自组织人员的培训。社区可以定期对工作者进行能力课程培训并考核，也可以邀请相关领域的专家进行专题讲座，提高社区工作者的专业素养及服务群众的能力，做到为社区能力建设的创新献计献策。

第二，完善社区自组织发展。首先，搞好社区自组织的党建工作，找到社区能力建设的领导核心，加强自组织的凝聚力，做到心往一处想，力往一处使，使得社区自组织在中国共产党的领导下共同为社区能力建设提供智力支持。其次，要加强与居民的沟通联系，使居民愿意为社区自组织的发展完善提供建议。自组织在社区能力建设中发挥着承上启下的作用，是联系社区和居民的纽带。积极发挥自组织的纽带作用，有利于向社区传达居民的意愿，也有利于协调社区工作的开展，促进社区的和谐发展。最后，做好自组织的制度建设，改变决策能力薄弱的现象，减少行政化倾向，

使得自组织朝着科学化、制度化的方向发展，真正做到为居民和社区建设办好事、办实事。

（二）提高居民参与社区建设意识

宏观层面的政策支持、中观层面的沟通组织以及微观层面的居民自治都是社区能力建设不可或缺的重要组成部分。居民作为社区居住的主体，是社区能力建设的直接受益者。因此，提高居民参与社区建设意识至关重要。

第一，发挥社区党组织的动员能力，积极引导社区居民合理、有序地参与社区建设。有时鉴于各种因素的影响，居民无法合理、有序地参与社区建设，特别是涉及自身利益的事务，居民无法冷静、客观地对待，这就需要发挥社区党组织的引导作用，使得居民真正做到顾全大局，从社区角度出发参与社区能力建设。

第二，信息化时代背景下要积极发挥互联网的优势，引导居民通过互联网参与社区建设与社区治理。社区可以建立网络虚拟社区，解决社区居民因白天工作而无法参与社区治理工作的难题。虚拟社区克服了时间与空间限制的难题，使得居民可以随时随地了解社区动态，为社区建设建言献策。

第三，通过积极开展活动来提高居民对社区的认同感和归属感，使其乐意为社区建设贡献力量。在活动过程中，居民彼此之间增进了感情，同时好的活动效果会增加居民对社区工作的认可度，无形中提高居民对社区的归属感。归属感的增加必然使得居民乐意为社区建设贡献力量，与社区共荣辱。

第四，进行素质教育，建构居民参与社区事务的社会网络。社区应加强居民的素质教育，使居民意识到自身是社区建设的一分子，居民的参与对社区的发展起着至关重要的作用，改变居民以往社区建设与自身无关的想法，使其认识到自身在社区治理工作中的重要作用，提高参与积极性。

社区是社会的基本组成单位，群众生活的和谐稳定是社会治理的根本目标。在社区治理视角下，社区能力的建设需要多方治理主体的共同参与，只有这样才能综合考虑各种因素，满足群众需求，加快社会主义现代化建设进程。

第四章　社会工作助力社区治理能力建设

第一节　社区社会工作的对象与基本目标

一、社区社会工作的对象表现

社区社会工作，顾名思义是针对社区开展的社会工作，也就是说社区就是其基本工作对象，就如同社会个案工作以个人及家庭为工作对象，社会团体工作自然是以团体和组织及其成员为工作对象。社区就是由聚居在某一地域中的社会群体、社会组织所形成的一个在社会互动中彼此关联的社会实体，在这个实体当中，有一定的人口、一定的服务设施、特定的文化，社区成员有一定的归属感。为此，社区社会工作的对象表现在两个方面：地域社区和功能社区。

（1）地域社区是按照地域进行划分的社区，具有一定的地域限定，如街道、小区、市镇、村落等，社区居民在限定的地域内享受共同的社区设施，并进行相互交往，从而形成一个基于地域的交往圈。社区社会工作以此为对象，通过专业工作，解决其中的社会问题。

（2）功能社区是指一群有共同背景、共同需要或面对共同问题的人，他们未必居住在同一地域社区内，但他们都拥有共同的特质及利益，所以又可称为“利益社区”，在这里，社区社会工作主要是做这些具有共同利益的人群的工作。

但是从本质上来说，地域社区和功能社区都是社区社会工作的对象，开展社区社会工作的目的都是解决社区内的社会发展问题，解决社区成员所面临的实际困难与社会福利等问题。因此，社区社会工作的对象的两个方面是完全一致的。

从社区社会工作的发展历史来看，最初社区社会工作的对象为城市社区，因为随着社会发展，工业化和城市化为城市社区的发展带来了很多新的社会问题，如贫困、失业、流浪街头等问题，社区社会工作就是要启发民众，发现共同问题，认识其共同需要，从而调整社会福利，解决社会问题。20 世纪 50 年代后，社会工作逐渐扩展到农村社区。在我国，伴随着社会转型、社会变迁的过程，城市和农村都出现了多种新问题，尤其在农村社区，社会工作一直处于被忽视的状态。当前，传统的家庭保障模式对于市场经济浪潮中的农民来说已失去其以往的作用，在农村开展社区社会工作，解决农民的问题，促进农村社区的发展，就成了一种迫切的要求。

二、社区社会工作的基本目标

从整体上来说，开展社区社会工作就是为了通过细致而具体的社区工作，切实有效地解决客观存在的影响社区发展以及居民生活和工作的各种社会问题，提升社区福利，促进社区发展。从这一思路出发，结合社会实际，我们认为，社区社会工作应该明确总体目标与具体目标。

（一）总体目标

从总体目标的角度来说，开展社区社会工作的目标应该是坚持推进社区发展，坚持提升居民的生活质量。当然，不同的学者对社区社会工作的总体发展目标有不同的理解和认识。

结合我国发展实际和具体国情，我们可以将社区社会工作的总体目标理解为以下内容。首先，以全体社区成员为对象，着重解决影响居民日常生活与就业的各种社会问题；其次，关心社会弱势群体，帮助他们尽快摆脱困境；再次，抓好社区精神文明建设，确立社区意识，为社区居民提供良好的文化氛围，引导居民树立健康文明的生活方式；最后，加快社区建设步伐，推动社区现代化发展。

这里讨论的是社区社会工作的总体目标，因此没有过分强调工作的专业性。需要注意的是，不同国家和地区对目标的定义并不相同，我们认为不能单一地把社区社会工作仅仅看成是面对社会弱势者的帮助工作，而是要把社区社会工作和整个社区建设乃至社会发展、时代进步联系起来通盘考虑。换言之，通过社区工作者的不懈努力，社区社会工作的目标定向不能仅仅停留在“访贫问苦”和“送温暖工程”等方面，而必须从宏观上来认定和解决一些影响社区建设和社区发展的具体社会问题。这样，才能不落入就事论事的低视窠臼，以达到既解决社区问题，又推动社会发展的双重功效。

（二）具体目标

社区发展需要各方面共同发挥作用，其中社区社会工作就是促进社区发展的一个重要方面。社区社会工作要通过具体实在的目标来促进社区发展。

从实践中可以看出，对于社区社会工作来说，根据社会发展阶段、社区面临的具体问题以及社区居民的实际困难，会形成不同的社区社会工作目标，可以说社区社会工作的具体目标本身就是一个动态的要素。因此，所谓具体目标也只能是较为原则性的，不可能做到十分具体，否则，目标就可能失去其现实性。结合我国现阶段城市社区与农村社区的实际情况，我国社区社会工作的具体目标大致包括以下内容：

（1）解决和改善社区居民的基本社会保障问题。首先，社区社会工作的基本目标是解决和改善社区居民的基本社会保障问题尤其是要重视疾病、就医、养老、失业等问题，保证社区居民享受良好的基本生活。诚然，在发达国家也同样存在此类问题，其社会工作者相当长时间以来也在不遗余力地关注和解决这些问题。

（2）满足社区居民多样化需求，提升社会福利水平。随着经济社会的发展，人们对物质生活和精神生活的要求不断提高，单纯地解决温饱已经无法满足人们的生活需要。提升社区成员的生活水平，一方面要有雄厚的物质力量作为铺垫，另一方面还要靠教育、宣传、引导。在这里，社区社会工作可以发挥其合理调配社区资源的长处，结合社区建设和精神文明建设，推动居民生活现代化的步伐。

（3）在政府主导下，开展社区治理，推动社区建设。社区建设的内容十分丰富，涉及社会、经济、文化等各个方面，社区社会工作的一项重要任务就是配合相关部门加强社区建设，推动社区发展。对于我国目前的社会发展情况来说，社区建设是社会发展的重要组成部分，因此必须重视社区建设，将社区建设成文明、富庶的现代化家园。

在现代社会，社区社会工作不仅仅是单纯地为社区居民提供必要帮助，从以上具体目标来看，我们对具体目标的定义似乎稍稍超出了传统的社区工作范畴，这是因为我们应该从宏观上，把社区社会工作与社区建设、社区发展、社会进步、社会管理等联系起来考察和认识，只有这样，才能使社区社会工作有旺盛的生命力。

第二节　社区社会工作的实施与技巧分析

“社区社会工作是社会工作者运用专业方法解决社区问题、促进社区发展的方法和活动。”①社区社会工作的开展本身就是一个过程。从与服务对象建立专业关系到制订服务计划，再到具体的实施，社区社会工作都有其符合规律的程序。

一、社区社会工作的方法和原则

社区社会工作的服务内容与要求之一就是推动社区发展，而有效地推动社区社会发展需要运用科学的方法、坚持正确的原则来开展社区社会工作。

（一）社区社会工作的常用方法

1. 构建专业关系的方法

（1）推行全区性活动。初到社区，为了让社区居民对社区机构及社区工作者已到社区工作有所了解，可以举办一些投入少、产出多的全区性活动，让所有居民有机会初步接触工作者。工作者可以在这些活动中亮相，介绍机构的工作，建立工作团队的形象。这些活动虽然不能深化工作者与居民的关系，但由于其接触面广，所以是一个建立机构与工作者初步印象的有效方法。如果工作者在这些场合经常亮相，就可以大大缓解日后走访工作中由于陌生而产生的冷漠与疏离。

（2）举办普及性活动。工作团队可以举办一些大众化的活动吸引社区内的居民参加，如家庭旅行、保健知识讲座等。这些活动以体现文体康乐性为主旨，虽然不及小组工作那么深入和持续，但人人乐于参与，而且在建立工作者与居民的专业关系方面，比电影晚会等大型活动更深入集中，是认识居民的有效方法。通过这些活动，工作者不仅可以知道参与者的名字，还能够了解其家庭状况。对于社区内的不同群体，如青少年、老人、单亲家庭及失业和享受社会福利救济的人士等，工作者应根据不同的对象举行上述普及性活动，与他们建立关系，为进一步组织他们参与社区活动

① 黎志芬．做好社区社会工作的三大思考维度[J]．中国社会工作，2021（3）：24-25．

创造条件。

（3）设立街头咨询站。为深化与居民的关系，社区工作者可在街头或固定场所设立服务工作咨询站，预备一些展板、宣传资料及服务申请表格，在社区内人口流动集中的地点为居民办理登记手续，当场回复居民的咨询。此种方法的优势是能够为居民提供实质性的帮助，并且能够留下愿意进一步关注问题的居民的联系方式，方便日后工作者进行家访或组织他们参与活动。

（4）以居民迫切需要解决的社区事件为契机介入社区。工作者介入社区时，往往会遇到一些亟待解决的社区事件。如果事件不需要大规模地调配资源，也不需要政府政策的调整，而工作者判断在短时间内经过努力便可以取得成效，如加强社区治安措施、改善社区内交通状况等，工作者可以介入事件。介入居民迫切需要解决的社区问题可以化双方的关系，也能使居民看到工作人员是真正关心他们的，对日后组织居民参与社区工作和活动大有裨益。但如果社区问题不太迫切，而解决起来又相当复杂，则工作人员应在建立关系以后，再决定是否介入。

2. 社区收集资料的方法

社区收集资料的方法有两大类：定量方法和定性方法。定量方法主要有问卷；定性方法主要有访谈、观察、文献等。下面依次作一介绍。

（1）问卷法。问卷法是国内外最常用的社会研究方法，当然也是社区调查中最常用的方法。它是基于一定的理论假设设计出来，由一系列变量、指标所组成的一种收集资料的工具。问卷法基本上都采用标准化问卷，即按统一规范和要求来设计问题，所以问卷法是一种标准化的调查方法，可以量化。上述特点决定了问卷法适用于大规模的社会调查，便于进行定量分析，可以节省大量的人力、物力、财力。但其缺点也很明显，主要表现为社区工作者进行的问卷调查很多时候缺乏调查的专业知识，政府及其他人士很多时候质疑这些抽样调查是否科学、问卷的设计是否过于具有引导性，以致调查结果的有效性经常受到攻击和质疑。因此，要做好问卷调查，使调查的结果比较客观、科学。

（2）访谈法。访谈法是访问者和被访问者通过口头交谈来收集资料的一种方法。其优势在于访问者能根据双方的互动情境，通过问听、观察，对问题有更多、更深入的了解。缺陷是访谈结果不能做定量分析，访谈质量受访问者的素质影响较大，难以把握且难以保证材料的真实性，也不适宜大面积使用，需与其他方法综合使用。

（3）观察法。观察法是调查员直接参与探索研究对象，而将观察所得的结果详细记录下来的调查方法。其优势在于能够突破研究对象的文字、语言表达能力的局限，获得真实、详细、生动的资料，是社区调查中常用的一种重要方法。缺陷在于只适合正在发生的社会现象的调查，对已发生的社会现象则无能为力；只适合小范围调查，并且费时费力。所以，应同其他方法配合使用，取长补短。

（4）文献法。文献法是利用各种文献资料对研究对象进行研究的一种方法。文献的形式很多，有书面的，如会议记录、法庭记录、信件、日记；有声音的，如录音带；有视觉的，如相片、录像带等。文献还可分为第一手文献和第二手文献。前者是指那些直接与研究对象有关的文献——法庭记录、回忆录、自传及报告；后者则是指已经过出版及整理的上述第一手资料。

3. 社区人力资源开发的方法

（1）社区领袖的开发。社区领袖是指能够抓住团体希望和要求的实质，代表团体意愿为团体行动提供意见和方向的核心人物。一个好的社区领袖通常拥有以下特点：热爱人群；易交朋友；善于聆听；易与别人建立良好的人际关系；勤奋工作；乐于助人；表达能力强；思想开放，视野广阔，改革创新，严于律己，具有历史感和前瞻性；勇于面对困难，善于处理压力；自我认同感强。

（2）志愿者的开发。社区工作需要很多资源，政府用于社区服务和社区建设的资源是有限的，但社区和社会中蕴藏着巨大的人力和物力资源。因此，开发社区和社会的志愿者是社区工作的重要内容，也是社区工作者的一项重要职责，同时是志愿者实现人生价值、提升生存意蕴的有效途径。

招募志愿者的方法如下：①志愿者介绍。志愿者可以与身边的亲友分享宝贵的服务经验，这样更能树立典范，鼓励更多的人投身于志愿者的行列。②举办志愿者训练课程。有关机构可通过举办各种形式的个人及团体训练计划，引导及鼓励不同年龄人士，包括青少年、青壮年及老年人参与志愿者工作。③活动推广。在会议、职员聚会及学校演讲等活动中，介绍志愿者工作，并配合一些宣传单、幻灯片、服务机会的宣传单及有关机构的通信，派发给参与者参考使用。这样有助于确认志愿者工作的价值和志愿者的贡献，从而吸引更多的人士参与志愿者的服务。④对外宣传。利用大众传播媒介（包括电视、电台、广播、报纸、刊物、杂志海报、展览及车身广告等各类形式），广泛推广志愿者工作及宣传志愿者招募信息。⑤举办志愿者招募活动。在地区层面举办定期的志愿者招募活动，并配合对外宣传工作，在街上设立志愿者招募站，派发宣传招募单，为有兴趣参加志愿者工作的市民及时办理志愿者登记手续。⑥印制志愿者服务资料册。资料册包括志愿者工作意义、志愿者的权利、角色和责任，以及现有的志愿者服务机会及机构名单，并附设志愿者登记申请表，提供简易登记手续，让有意愿参与志愿者工作的市民及时填写。⑦运用互联网及电子邮件。在互联网上提供志愿者工作的网页，详列服务性质、一般服务机会、福利团体、机构资料等各项信息，并鼓励志愿者及有兴趣参与志愿者服务的人士在网页上进行交流，总结做志愿者的心得。

（二）社区社会工作的基本原则

第一，注重以人为中心的发展目标。要认识到人的发展比物质发展更为重要，社区发展应以社区的共同需要和根本需要为主，社区服务方案应包括含有情感内容的活动。

第二，根据具体情况策划工作步骤。要有完整的、多方面的多种专门性计划；建立多目标的计划，促使社区各方面配合行动，以利于全面和均衡地发展。

第三，强调成员的自主参与。社区成员最清楚社区的问题和需要，自主参与会使他们感受到自己的价值和能力，而他们应该对社区承担责任。因此，要组织社区成员，将社区事务交给他们承担；社区各种计划的拟订和执行均有社区成员参加；注重发掘、运用和训练各利益团体都能接纳的社区领导人才。

第四，充分开展组织工作。充分考虑民间组织的不可或缺性；组织居民采取共同行动；动员社区内部资源以实现社区自助，争取外援但又不完全依赖外援。

第五，注重社区参与的广泛性及包容性，让不同阶层和团体的人士都有机会参与社区事务。

第六，注重协调发展。要有普遍接受的目标与工作方法，工作步调应与社区发展水平协调一致，社区组织内部和社区组织与社区之间应进行主动、有效的沟通，社区发展应与国家、地方计划相协调，社区的物质与精神、经济与社会应协调发展。

第七，尊重社区自决。不可强迫社区成员接受工作者的意见，而要由社区成员自主选择和决定改变的方式和行动。工作者在此过程中协助他们界定需要，指出解决问题的方法，一起讨论和交换意见。

第八，采取民主和理性的行动方式。在制定目标和策划行动的过程中，不受利益集团控制，社区成员参与决策，并依据一些共同制定的规则运营，悉心培养他们的民主精神和理性精神，实践民主作风和处事态度，遵循民主的组织方式和治理原则。

第九，注意预防性工作。对社区的局势和发展有科学的判断，努力在事件发生前就做好预防工作，以降低工作成本。

在推行实务过程中，社区工作者必须在把握其社区社会工作原则的基础上，充分根据不同社区的具体情况和时代特点，发挥多元角色，体现实践智慧，努力保证社区工作的顺利进行。

二、社区社会工作的一般模式

从社区社会工作的实践来看，社区社会工作模式主要有美国学者罗斯曼在总结美国社区社会工作实践经验的基础上提出的社区工作三大模式，还有 20 世纪 50 年代在英国发展起来的社区照顾模式，以及顺应时势和社会发展需要而出现的社区教育、社区组织等。在实际工作中，社区工作者通常会根据不同社区的实际情况和不同场合，选择一种或混合使用几种模式开展社区服务。本小节主要介绍社区发展模式、社区策划模式和社区照顾模式。

（一）社区发展模式

社区发展模式是通过社区工作者的发动和协助，调动社区居民参与，开展互助合作，加上上级政府和外界机构组织的协助和支持，动员社区内外资源，解决社区问题、满足居民需求的一种工作模式。

1. 社区发展模式的基本假设

社区发展模式的基本假设主要体现在“和谐”与“潜能”方面。基本假设主要包括以下几个方面的内容：①分了共同的目标和共同的利益，社区居民愿意参与和合作，并能达成共识；②社区问题的成因在于人际关系冷漠，缺乏相互了解、坦诚沟通；③社区本身存在解决社区问题和满足社区需要的潜在能力和力量，但这种潜能没有被激发出来；④社区可以组织起来，采取集体行动解决问题，推动社区的整体发展。

2. 社区发展模式的介入目标细化

一般来说，社区发展模式的介入目标可以分为任务目标和过程目标。

任务目标就是解决社区共同面临的具体而实际的问题，或者是完成某一特定的、具有实质性内容的社区工作项目。通常来说，社区发展的任务目标主要有社区经济建设、社区公共基础设施建设、社区社会事业发展、社区文化教育发展、社区生态环保建设等。过程目标是指各种社会网络的重新确立，以及长期的制度和社区组织的建立。社区发展的实质是帮助社区具备一种能力，去做它们想做的事情。因此，提升居民自主互助、民主协商、采取集体行动解决问题的能力，是最重要的过程目标。社区发展模式强调过程目标依托任务目标来实现，两者相辅相成、互相促进。

3. 社区发展模式的主要特点

第一，主张共同应对社区公共性事务。基于对社区现状的理解和对社区问题及需求的成因分析，社区中的居民是孤立的，缺乏良好的人际关系与共同解决问题的诉求。因此，强调一致与共识，即通过社区内不同的个人、团体和组织之间充分地进行讨论与沟通，以此来达成一致与共识，建立社区自主能力，共同应对社区公共性事务。

第二，强调社区内广泛的参与和合作。社区发展模式认为，虽然个人行动是理性地追求个人利益的最大化，但是只要能够在集体行动中照顾到个人的需要和动机，并且能够培养出集体认同感、归属感和凝聚力，个人就会在情感层面和价值层面参与社区活动，并做出自己的贡献。也就是说，为了共同的目标和共同的利益，社区内的居民和组织可以通过沟通、协商，达成共识并采取集体行动。因此，应用社区发展模式开展社区工作时，一定要想方设法调动社区居民最广泛的参与和合作。

第三，过程目标重于任务目标。社区发展模式以一定任务目标的完成为基础，但更重要的目标是致力于居民社区意识的形成、共同解决问题的能力的提升。通过加强居民间、居民与组织之间及组织之间的联系、参与和合作，重建社区新型人际关系和社区支持网络，培养居民的公民意识和主人翁责任感，增强居民对社区的认同感、归属感，提高社区凝聚力。

4. 社区发展模式的工作策略

社区发展模式的工作策略在于把所有的人团结在一起，然后讨论、决定，以协商一致策略为主，避免冲突和竞争。针对不同的社区，可以采取以下具体措施：

（1）采取社区宣传教育手段，通过多种形式的主题教育活动，帮助居民学会运用社区资源改善社区环境，增强对社区的认同感和归属感。

（2）通过文艺演出、各类比赛、兴趣小组等方式，创造机会促进居民间的互动交流，改善居民之间冷漠、孤立和疏离的状况。

（3）通过举办会议、组织讨论、制定社区居民公约等形式，促进邻里团结与和谐，增强居民处理社区公共事务的能力和责任感。

（4）推动协商、互谅、互助、包容、合作，建立社区支持网络，整合社区内外资源和力量，增强社区运用自身力量解决问题的能力。

（5）发动、动员社区居民，发现、挖掘和培养社区骨干，成立不同的居民小组或社区组织，发挥社会功能，推进社区发展。

5. 社区发展模式的优缺点评价

社区发展模式为社区工作者开展社区服务提供了科学的理论依据，在当前的社区建设中具有极为重要的作用和价值。

这种模式的优点在于：它是一种人本主义的工作方法，以发展社区合作解决问题的能力为根本，强调社区自助自决，强调居民及团体的合作互助，着重沟通、合作及民主参与，工作手法温和，比较契合中国的文化传统。

但其也存在以下几方面的缺陷：其一，民主参与导致的成本效益过高，需要经过较长时间才可以看到明显的改变。其二，它假定社区内有兴趣和愿意参与的人可以通过共同工作来改善社区环境，但事实上，社区所面对的问题很多时候都不是单从社区层面就可以解决的，也就是说，它无法解决因为制度和体制等深层次原因造成的资源分配不均的问题。其三，社区发展模式还存在对社区不同利益群体的调和手段乏力、效率不高等问题。

（二）社区策划模式

社区策划模式强调的是专业人员的参与、科学和理性的规划，视社区的发展为一个有计划的社会变迁，采用自上而下，多是行政安排和组织的工作方式，关注社区的整体结构和功能建设。

1. 社区策划模式的基本假设

社区策划模式的基本假设突出地表现为“理性”，主要包括以下几方面：①假设社区需要依靠专家精心地进行规划设计及专业社会工作者的服务，才能有效解决问题；②专家和机构的工作人员最能够充分了解服务对象的需要；③服务对象是服务的主要受益者，他们的需要应该且可以得到满足；④机构可以使社区里有需要的服务对象接触到并得到它的服务；⑤社区工作者在设想、计划和推行活动或服务的过程中扮演技术专才的角色；⑥社区工作者能够联系、协调和调动社区的资源以协助解决社区问题。

2. 社区策划模式的介入目标细化

社区策划模式以现实问题的解决为目标取向，介入目标主要是完成具体的任务，强调运用理性的方法、采用各种规划技术解决社区面临的一系列问题，如精神健康照顾、城市规划、住房等。

一般来说，社区策划模式的介入目标可以分为任务目标和过程目标两种。在社区策划模式中，任务目标是解决实质性的社区问题，包括社区建设范围的规划目标、社区组织建设的目标、社区建设管理体制和运行机制的规划目标、社区服务项目的规划目标、社区建设人员队伍的规划目标等。过程目标是收集和分析资料，以及系统分配时间和动员资源等。社区工作者应该直面社区问题，深入调研，以社区实质性问题为工作取向，设计可行方案，指导和带领着社区齐心协力实现预期目标。

3. 社区策划模式的主要特点

第一，注重任务目标的实现。社区策划模式注重任务目标的实现，以解决实质性社区问题为主要工作取向，解决问题的主要途径是专业技术人员的参与。在社区策划模式中，所关注的社区存在着多重问题时，这些问题需要排列优先次序，逐一解决。

第二，推动社区自上而下地改变。社区策划模式通过运用专业技术人员的知识、科学的决策能力及权威自上而下地介入，推动及策划社区改变。在社区策划的过程中，社区工作者居于主导地位，是计划的制订者和行动方案的设计者，居民的参与处于从属地位，居民的行动受社区工作者的指导和制约。

第三，关注社区未来变化。社区策划模式需要通过分析当前和过去的资料，预测将会发生的事情，并设计应对方案，其主要目的在于尽量降低社区未来变化的不稳定性。

4. 社区策划模式的工作策略

社区策划模式的工作策略在于运用各种规划技术来解决社区的现实问题，主要包括收集社区问题的有关资料，分析解决问题的可行的方法，决定解决问题的优先次序，形成方案，并加以实施。具体的策略措施主要是发现事实和分析技巧的运用，而在社会关系方面的策略措施是根据具体的情境选择冲突性或共识性的策略措施。

5. 社区策划模式的优缺点评价

社区策划模式的优点：第一，服务质量有保证。因为事先已经考虑清楚如何解决社区问题，加上社区工作者拥有所需的技术和能力，所以可以保证其所提供的服务的质量。第二，效率较高。社区策划模式比较注重专家的作用，因而决策和行动都可以有更高的效率。

社区策划模式的不足主要有以下几点：第一，居民参与率低。首先，在服务目标方面，常常由社区工作者来确定民众的需求是什么，难以保证公正客观，可能无法真正代表民众的心声；其次，决策过程缺少民众的参与，可能导致民众对计划本身缺乏兴趣和投入。第二，服务对象对所提供的服务的依赖性增强，可能导致被动居民群体的出现，不利于居民社区意识的形成和能力的培养。

（三）社区照顾模式

社区照顾模式主要包括：在社区内提供照顾、社区康复、社区支持网络、治疗性社区、社区权益倡议等。这些方面都与提供社会福利息息相关。

1. 社区照顾模式的基本假设

社区照顾模式的服务理念基于以下两个基本假设：

第一，服务对象生活的原环境优于机构的环境。通过对院舍照顾地反思我们发现，院舍照顾机构的环境不利于儿童和成人的心理成长，机构工作人员存在不尊重住户人员的行为方式，机构行政管理存在官僚化倾向，机构服务费用也超出一般人的承受能力。因此，需要回归社区照顾。

第二，社区可以有效地利用非正式资源，为需要康复的服务对象提供支持和照顾。

2. 社区照顾模式的介入目标细化

社区照顾模式的任务目标在于：为社区有需要的人士提供照顾和支援服务。其过程目标在于：建立一个具有关怀性的社区，即弘扬以人为本的社区精神，营造互尊互敬互爱、充满人情味的社区文化，形成社区生活共同体。我们可以把社区照顾模式的介入目标细化为以下几个方面：

第一，提倡新公民社会意识。加强义务参与，建立互助互爱的社区关系，以抗衡个人主义及都市化带来的疏离感和孤立感，唤起社区居民的社区融入意识，促进社区居民互助意识的形成。

第二，建立政府机构和社区组织的合作伙伴关系。政府与社群应建立合作伙伴关系，不是以居家照顾来取代院舍照顾，而是把正规与非正规服务相结合，以服务使用者正常地融入社区为服务目标。

第三，唤起服务使用者的参与意识。社区照顾应该有意识地培养需要照顾人士的参与意识，鼓励他们表达自己的诉求和意愿以获取社会理解和支持。

第四，迈向人性化社区。要实现上述理想，应该重新认定社区是本位，发扬社区互助精神，迈向人性化且互相尊重、互相关怀的社群生活。这个理想必须由政府加以确认，并提供足够的资源去落实和推行才能实现。

3. 社区照顾模式的主要特点

（1）协助服务对象正常地融入社区。以服务对象原来熟悉的、正常化的环境和方式向其提供照顾，修正机构院舍照顾常见的服务对象不适应的问题。

（2）强调社区责任。政府、营利机构、非营利机构、志愿组织、社区、家庭、个人等多方面共同承担服务责任。发挥社区支持网络中的正面的社会资本的作用，避免由此引发的社会排斥，通过改善社区环境以提升社区居民的生活质量。

（3）非正式照顾是重要方面。重视初级群体、非正式关系的照顾，注重结合社区中存在的非正式的关系网络和正式网络，向服务对象提供帮助和服务，支援和协助服务对象解决困难。

4. 社区照顾模式的工作策略

社区照顾模式的策略主要是指：使用什么方式使服务对象和服务者相互沟通、相互理解，进而建立起彼此信任的关系；使用什么方法建立社区照顾的服务网络，以完成社区照顾的任务、实现社区照顾服务的目标。

社区照顾模式的基本策略如下：

（1）确定社区照顾的服务对象。社区照顾是以提供地区化服务为先决因素的，因此，社区工作者要有效地推进社区照顾，首先必须了解本地区服务对象群体所居住的地区、服务对象的需求。在了解的过程中，社区工作者要通过与服务对象积极互动建立彼此信任的关系，在对他们的需求进行深入了解的过程中，注意开发他们自身已有的能力和可以运用的资源，以及那些可以发掘的潜能与资源。社区工作者在这个过程中，要帮助服务对象改变态度或学习某些技能和方法，帮助他们建立自信心，使他们看到自己的力量和自身发展的可能性。

（2）建立社区照顾支持网络和自助组织。第一，直接服务的自助组织服务系统，主要由距离被照顾者最近的人构成，如家人、亲友、邻居和社区内的志愿者。他们可以为被照顾者提供购物、清洁家居、送饭等服务。社区内的医务志愿者还可以为被照顾者提供专业的义务服务。第二，同类型服务对象的互助组织服务系统。社区内同类型服务对象可以组织成互助小组，如癌症病人小组、单亲妈妈小组、下岗自强小组等。在小组内服务对象可以分享各自的经验与感受，提升他们的互助意识和生活信念。第三，社区危机处理的自助组织服务系统。社区可以动员具有不同专业技能的退休老人和热心的社区居民，组成不同类型的小组，以帮助处理不同类型的危急事件，如老年人突然病危、家庭纠纷、青少年离家出走等。社区危机处理服务可以为居民提供及时的帮助和支持服务。

要成功地进行社区照顾，不能仅依靠社区和家庭成员的力量，还需要支援性的社区服务辅助，共同使社区照顾持续下去，充分地满足服务对象的需求。

5. 社区照顾模式的优缺点评价

社区照顾模式有以下三个优点：第一，对服务对象人性化的关怀。社区照顾强调把需要照顾的对象留在社区内，解决他们的困难；强调挖掘社区的各种人力资源，建立社区支持网络，实现社区成员之间的互助，以发挥照顾的功能，增强人性化关怀，密切社区居民之间的关系。第二，调动社区民众参与社区照顾。社区参与和社区民主是社区照顾的核心原则。只有调动社区居民的参与和互助意识，鼓励社区居民对一些有特殊需要的服务对象加以关心和接纳，为社区中有需求的人提供服务、为有需要的人建立一个社区互助网络，才能有助于建立一个关怀互助的社区环境、促进社区发展。第三，促进服务资源整合。社区照顾体现了服务。策略的改变，即通过服务的非院舍化及支援性服务的加强，使服务对象留在自己熟悉的社区中生活；社区照顾突出了服务资源的综合运用，即发动服务对象的亲朋好友及邻居等提供协助照顾；社区照顾注重利用社区中存在的非正式的自然关系网络，使其和正式网络相结合，为服务对象提供帮助，从而建立一个关怀性社区。

社区照顾模式有以下不足：第一，资源及权力下放可能引发的政府责任和角色转变问题。社区照顾注重结合社区中存在的非正式的自然关系网络和正式网络，向服务对象提供帮助和服务，发挥社会支持网络中正面的社会资本的作用，避免由此引发的社会排斥，但是，政府不能以社会非正式网络的存在为借口推卸政府的责任、减少政府和机构等正式网络应为社区提供的服务。相反，社区照顾的落实需要政府做出更多的投资及承诺。第二，非正规照顾的服务质量难以保证。社区照顾是一个社会服务网络，这个网络中的家人、邻里、朋友和志愿者等非正规照顾者通常没有受过相关的专业训练，其提供的服务是非专业化的，服务质量可能难以保证。依靠亲朋好友及邻居的帮助也很难确保服务的连续性和可靠性，需要专门服务或特别服务的服务对象可能得不到恰当的照顾。第三，社区对有困难人士的排斥和歧视问题。社区对一些有特殊困难的人士，如残疾者、精神病人、失足青少年及刑满释放人员等往往存有偏见和歧视，甚至反对在社区内设立相关服务设施，缺乏接纳他们的关怀精神和体谅态度。

三、社区社会工作的过程阶段

在社会工作发展的不同阶段，它所受的主要理论的影响不同。20 世纪六七十年代，社会工作深受系统理论的影响，社会工作通用过程模式就是由系统理论发展而来的。该理论由于吸取了各种助人模式的共性和优点而成为通用理论。该理论同样认为社会工作中助人是一个过程，由一系列朝向既定目标的系统化行动组成，大体可以将这个过程划分为五个阶段。而这几个基本阶段之间是相互衔接和相互促进的关系。

（一）社区社会工作的约定阶段

约定阶段是社会工作者与受助对象之间确立专业关系的过程。这是社会工作过程的开始阶段，即当事人向社会工作机构申请救助时，社工机构就应当对求助者的有关信息进行初步的评估。如果能与服务对象订立良好的关系，可以为以后的阶段、为实现社会工作目标奠定基础。这个时期要做的工作主要有以下几个方面：

（1）了解受助者的基本情况。了解受助者的基本情况的过程是社会工作者了解服务对象的诉求的过程。在这一阶段，工作者需要同服务对象初步接触并了解受助者遇到的矛盾和问题，和他建立初步的专业关系，在此基础上签订服务协议。一般来说，受助者会主动将自己的情况和要求告诉社会工作者，以求得帮助。对此，社会工作者要有充分的准备，并能加以区别对待。这时服务对象存在“自愿的服务对象”和“非自愿的服务对象”“潜在的服务对象”和“现有的服务对象”的不同。

（2）初步评估受助对象。初步评估的任务主要是界定并确认案主的问题，对照机构的功能确定是否接受其为案主或进行转介。这一阶段也称为“诊断”阶段。这一阶段社会工作者的主要任务是收集和分析与帮助对象有关的各方面资料，了解他们的基本情况和要求，为下一步制订干预计划做好充分准备。

（3）与受助者建立专业关系。与受助者建立专业关系也是采取实际行动帮助受助对象的阶段。社会工作者确认帮助受助对象的最佳方案后，进入实施阶段，通过这一过程使得案主的实际状况得以改善，随着其实际情况的改善，社会工作者的实施方案可以进行适当调整，以达到实施效果的最佳化。

在与案主订立专业关系的同时，社会工作者为了更加有效地完成任务、实现社会工作目标，也要注意案主以外的其他条件和因素在助人过程中的重要作用。因此，社会工作者应根据需要积极同案主以外的有关系统和人员建立关系，共同合作。例如，学校社会工作者面对有不良行为的小学生时，不仅要与他（她）订立关系，还应与其家庭、学校老师及同学建立关系，才可能对其进行有效的帮助。

（二）社区社会工作的评估问题阶段

在接受受助者并与之建立专业关系后，社会工作进入评估问题阶段。评估问题阶段是清楚而又具体地调查和了解受助者问题和需要的时期，它的工作成果可以成为今后工作、行动的重要前提条件。

评估的目的就在于对社会工作干预的实际效果进行科学的评价。这一过程不但对于案主是必要的，而且对于社会工作机构和社会工作者也是非常重要的，这一过程也为确定社会工作者的工作实践效果提供评价依据。

（三）社区社会工作的计划及合约阶段

这个时期是在分析评估的基础上制订社会工作目标和计划，并以合约的形式与案主达成共识，明确工作者和案主同意的目标和责任。计划是一个进行理性思考及做决定的过程，包括制定目标、选择为达到目标而采取的行动。计划的制订过程应是工作者和案主一起工作的过程。如果没有案主参与，案主与工作者就无法就计划达成共识，再好的计划也难以落实。因此，案主与工作者共同制订计划的过程，也是案主与工作者认同一致的合约过程。

（四）社区社会工作的工作介入阶段

工作介入阶段，社会工作者要做的主要工作如下：

1. 与案主一起行动

根据案主的实际问题，选择恰当的介入策略。

第一，帮助案主认识和运用现有资源。有许多案主的问题是由案主缺乏所需资源造成的，在这种情况下，使案主能运用现有资源便成为恰当的介入策略。

第二，对案主进行危机干预、危机调适。当案主处于危机状态中，要帮助其尽量将危机的时间缩短、减轻危机对案主造成的严重影响，危机干预是最有效的介入策略。

第三，运用活动帮助案主。通过活动可以更好地帮助不善于语言表达的案主，可以帮助案主增强自信、发展能力。

2. 代表案主采取行动

第一，争取有影响力的人士参与社区工作，共同为实现社会工作目标而努力。

第二，协调各种服务资源与系统，将它们连接起来，以达到服务目标。

第三，发展、创新资源，满足案主的需求。

第四，改变案主所处的环境，从而达到服务的目标。

第五，改变组织与机构，以更好地为案主服务。

第六，集体倡导。通过集体倡导为案主争取所需的资源，改变社会不公正的现象，促进社会公平公正。

（五）社区社会工作的评估总结及结束阶段

评估总结及结束阶段被看作社会工作实践过程的最后阶段。结束是指工作者与案主结束接触、结束专业关系。这时，案主不再需要社会工作者的专业服务，介入的目标已经达到，案主的问题已解决、需求已得到满足。如果案主与社会工作者之间形成比较密切的关系，结束常常是痛苦的过程，尤其对案主而言，社会工作者也常常难以避免。在整个社会工作过程中，案主与社会工作者常常共同讨论敏感性的问题，共同付出巨大的努力，以做出积极的改变，这个过程中案主也许形成了对社会工作者的依赖。所以，在结束的时候，案主往往会若有所失，有些案主甚至会愤怒和拒绝结束。因此，社会工作者要非常重视这一阶段的工作，巩固社会工作的效果。

四、社区社会工作的技巧分析

社区社会工作在中国有比较悠久的历史。中国社会工作由传统的乡约制度发展到 20 世纪 50 年代初期的由居民委员会和村民委员会负责，不同的社区还制定了各自的“街规民约”或“村规民约”，为社区成员约定共同的规范与目标。社区工作逐渐形成了网络，而取得这一成果自然离不开社区社会工作技巧的运用。

（一）与社区居民接触技巧

社区工作者通过接触社区居民，一方面可以了解社区和社区居民的基本情况；另一方面可以让他们了解社区工作者的工作，提高他们对社区工作者的接纳和认可度，为以后建立互信合作的关系打下基础。

（1）介绍自己的技巧。应根据不同的情况和对象，采取不同的自我介绍方式。社区工作者在接触居民时，要尽量找居民的“熟人”为自己引见，也可以将自己与居民们都很熟悉的、成功的活动联系起来，增强可信度；主动介绍自己的服务机构名称和机构所处的位置，让居民了解自己的来历；对那些持怀疑态度的居民，社区工作者可以出示自己的工作证或其他可以证明自己身份的资料；主动发放一些物品或者活动资料，让居民获益，增强其对社区工作者的信任感；清楚地介绍自己与居民接触的目的，表达自己对他们的关怀及适度地表现自己对居民的兴趣，态度要热情、诚恳、平易近人，保持耐心，语言要通俗易懂。特别注意不要与居民产生争论。

（2）展开话题的技巧。在获得居民接纳或未遭到拒绝的情况下，社区工作者要抓住机会，继续交谈，使谈话内容逐步转向正题。当然，在这个时候，要尽量避免谈及一些敏感的话题，要提一些比较简单、容易回答的问题，也可以由周围环境或正在发生的事件展开话题，如天气、最近热播的电视剧、国内外新近发生的大事、居民的家居布置等，以拉近彼此的距离。社区工作者在谈话过程中，应该把谈话维持在居民可以理解的水平上，双方对话的层次也可以随着情境、兴趣和彼此的信任程度逐步提升。

（3）维持对话的技巧。在对方的疑虑消除、双方比较轻松的情况下，社区工作者需要为达到接触或访问目的而维持对话。在这个阶段，社区工作者可以运用聆听、同情心、体谅等技巧。聆听即要求社区工作者认真倾听。同情心要求社区工作者超越年龄、民族、性别及家庭背景的差异，去理解居民的内心世界，去体会居民的感受。体谅要求社区工作者在意居民，顾及居民的情况，为居民着想，如在居民午休或者吃饭的时间不进行入户访问；尽量在预定的时间内完成谈话；感谢居民对自己工作的支持和帮助；鼓励居民提出对社区工作的意见和建议，表现出对社区居民的一种真心实意的关怀。

（4）结束对话的技巧。一般而言，初次接触的时间不宜过长。谈话结束时，一要感谢居民牺牲自己的休息时间，为社区工作者提供有益的资料；二要总结刚才的谈话，并给予受访者一些积极的反馈；三要留下自己和机构的联系方式，以便进一步同居民联系。社区工作者在完成接触居民这一过程后，一要记录主要资料，如居民的背景和社区网络、居民对所谈事务的反应、热心程度、可动员机会、资源等。

（二）社区传媒的利用技巧

1. 制定媒介策略，发展媒介关系

（1）要收集传媒工作者的资料。根据自己的工作内容列出清单，与传媒工作者进行初步接洽，介绍自己及所在的社区，给人留下良好的印象。

（2）发展与媒体的关系。关系的建立因工作计划、取向、手法、阶段的不同而有所不同。要注意以下几方面：①了解传媒及其工作者的工作情况；②尽可能采用当面拜访的形式；③主动介绍和宣传自己；④表示对沟通工作的兴趣；⑤听取对方介绍自己的工作及感受；⑥尽可能建立双向互动对称的良好关系。

2. 制造媒体事件，吸引传媒报道

媒体事件与自然事件相对应，制造媒体事件是指借助人为的事件来吸引传媒的注意和青睐。注意考虑事件的新闻价值和时效性，还要注意不同媒体的偏好和侧重点，结合当前的形势顺势而为。

（三）组织社区居民活动的技巧

1. 发动群众

（1）发动群众的方法。第一，直接接触途径。直接接触是指由社区工作者和志愿者与群众接触，是人与人之间的直接接触；如果社区工作者在进行群众动员之前已经知道群众的姓名和联系方式，可以通过信件、家访和电话联系等渠道与群众进行直接接触；如果社区工作者没有群众的姓名和联系方式，可以通过其他方法与居民进行直接接触。第二，间接发动途径。间接发动是指通过大众传媒、展架、广告、宣传册、海报、横幅等途径将信息传递给群众，不需要人与人之间的直接接触。

（2）选择发动方法应考虑的因素。第一，要考虑动员群众参与的事务是否已经得到居民的广泛关注。如果社区居民对将要参与的事务已经有所关注，那么简单的宣传和动员就可能引起强烈的反响。否则，社区工作者

就必须先与居民建立深厚的关系，再去推动居民参与。第二，要考虑动员对象的覆盖范围。如果动员的对象涉及的范围很广，那么展板、广告、街头宣传站、大众媒体等间接发动的方法比较适用，而家访等直接接触的方法则不太可能有效地达到动员最广泛的群众的目的。第三，要考虑动员对象的参与动机。当动员对象的参与动机已经很强烈时，简单的动员方法就可以达到效果。如果动员对象的参与意愿不是很强烈，社区工作者需要与他们多进行面对面的接触，逐步加强他们对社区事务的投入感。

（3）说服群众参与。在发动群众时，社区工作者经常会得到对方的消极反应。这时，社区工作者可以适当采用说服群众参与的技巧。第一，群众以自己能力不够作为理由时的说服技巧。社区工作者可以通过强调熟人参与、互相帮助及成功先例等策略来说服对方。强调熟人参与是向对方指出已经有熟识的邻居参与了社区事务；强调互相帮助则是向对方表明，大家在一起互相学习可以慢慢取得进步；强调成功先例则是通过举例向对方说明参与社区事务可以获得能力的提升。第二，群众以自己没有时间作为理由时的说服技巧。如果被动员的群众以没有时间作为拒绝参与的理由，社区工作者可以通过减少参与的代价来说服对方，如向对方说明参与并不需要太多的时间，而且如果真的抽不出时间，中途也可以退出。第三，群众因参与人数太少而缺少信心时的说服技巧。有时候被动员的群众会因为目前参与的人数太少而缺乏信心，社区工作者可以用赞赏对方、体谅他人、尽力改变现状、动之以情等策略说服对方。

（4）发动群众的注意事项。第一，不要言过其实。社区工作者在动员群众时，要避免为了吸引群众参与而做出不切实际的承诺或夸大不参与的后果。第二，推动群众参与时既不宜用力不足，也不宜用力过猛。第三，注意分辨动员对象的真实想法。社区工作者在动员群众的过程中会经常遇到动员对象“口是心非”的情况。社区工作者要借助经验分辨动员对象表面说法背后的真实想法。第四，不要与持相反意见的居民争辩。群众动员的首要目的是发掘对社区事务有兴趣和有热情的居民，鼓动他们参与其中。因而不要与持相反意见的居民争辩，以免产生冲突，给居民留下不好的印象。

2. 召开居民会议

（1）提高对居民会议的认识。居民会议是社区居民民主参与社区社会工作的有效途径之一。组织召开居民会议是社区社会工作经常性的工作之一，是社区社会工作介入的重要方法。

（2）居民会议的步骤。居民会议通常分为会前准备、会中、会后促进和行动四个步骤。会前准备包括会议内容及程序安排、会议资料准备，参会人员确定及通知，场地布置和安排，会前接待等；会中包括主持人按议程推进、控制会议时间、维持会场秩序和气氛等，要突出主题、注意细节；会后促进包括进一步明确会议决定，整理好会议记录，做好会议纪要，要将任务落实到个人；行动包括执行会议决定、按情况征求有关人员意见，要注意修正计划，随时向与会者通报工作进展情况，做好下次会议报告行动的准备。

（3）会议主持的技巧。会议主持的技巧包括善于聆听、友善地提问和邀请发言，注意澄清和引导、保证围绕会议主题、善于综合和集中信息、把握会议进程，多用赞美和鼓励的话语与中肯的评价、恰到好处地运用身体语言，善于把握和调控会议时间、不拖延等。

3. 社区领袖的培训

社区工作者在培训社区领袖时，应注意以下技巧：鼓励参与、给予鼓励和肯定，宣传当家做主的精神、建立民主的领导氛围和精神，不断给社区领袖提供学习的机会、培养从检讨中学习改进的习惯，培养社区领袖权责分工的意识，培养理性讨论精神、树立充分沟通和尊重少数的领导作风。

总的来说，在实际进行社区组织动员工作时，还应注意以下几个问题：第一，在构思活动时思路要灵活，要尽量吸收一切有意思并且可行的创意，丰富活动内容，增加活动亮点。第二，提前做好准备，包括人力和物力等资源。第三，活动报名信息应提前一段时间发布。第四，组织者要在发布的信息里表现出诚恳和端正的态度。第五，只要条件允许，就应让参与者进行正规的报名。第六，活动结束后，应及时发布此次活动的概况，分享活动照片、经验以及花絮等。第七，不要组织危险性的活动，尤其是在组织者和参与者经验不足或业务不熟练的情况下。

第三节　社会工作与社区治理的理论关联

一、社区治理的目标体系分析

依据治理主体多元、方式多样和内容扩展的标准，社区治理体系可以通过任务和过程两个目标维度来展开分析。

（一）社区治理的过程目标：构建“多元化的治理机制”

社区治理是政府、居民、社会组织、企业、辖区单位等社区相关利益主体依据正式的法律制度及非正式的社区公约等，在平等协商的基础上，处理社区事务的一种状态。因此，较之传统的社区管理方式，社区治理的特点就在于主体多元、方式多样与内容拓展。其中，治理方式多样是社区治理主体多元的最佳体现，也是实现社区治理内容拓展的途径。社区治理方式除依法治理之外，还包括多元主体间的民主协商，而社区民主协商机制可以进一步分解为“政社协商”(多元协商)、“居民自治”及“多元合作”三种治理方式。

“政社协商”是指在处理社区事务及制定与社区相关的政策时，政府能够与社区沟通和协商，听取社区居民的意见。“居民自治”是指依靠社区居民力量解决社区问题，社区居民有权处理本社区的相关事务；“多元合作”是指社区各类主体能够积极主动地参与到社区问题的解决中来，政府要重视社会组织、辖区单位、社区居民等方面的资源和力量。

（二）社区治理的任务目标：完善社区功能

社区治理是一种社区管理状态，而社区治理的任务则是解决问题，完善社区功能。社区问题的解决对社区治理创新提出新的要求，而社区功能是否完善是检验社区治理方式的最佳标准。社区的功能包括发展社区经济、提供社区服务、发展社区卫生、社区治安、社区环境、社区文化等。本小节将社区治理的任务目标进行了整合，将其划分为救助弱势群体、提升居民福祉以及满足生活需求三部分。救助弱势群体是社区的重要功能，也是社区治理的任务之一，要靠社区弱势群体救助和服务来实现。弱势群体服务包括贫困人口服务、残疾人服务、老年人服务及特殊人群服务等。居民福利服务是针对全体社区居民开展的福利服务，例如，社区志愿服务、社区健康服务、社区教育服务及社区自治性服务等。居民生活需求的满足则要靠社区卫生、社区警务与治安、社区生态环境保护、社区文化教育等社区公共服务及市场服务来实现。

社区治理的过程目标是实现社区治理的任务目标的重要条件，完善的治理机制推动着社区功能的实现。我国社区治理面临的严峻任务折射出社区治理方式变革的迫切性，从行政主导的社区管理到多元主体共同参与的社区治理的转变是社区发展的需要。

二、社会工作的目标体系分析

社会工作是指社会工作者运用专业知识与方法帮助社会上处于弱势地

位的个人、群体和社区，克服困难、解决问题并预防问题的发生，恢复、改善和发展其功能，以适应和进行正常的社会生活的服务活动。罗斯曼将社区社会工作的目标归纳为“事工目标”和“过程目标”两大类。其中，“事工目标”或者任务目标是指社区社会工作要解决的一些特定的社区问题，满足某项社区需要，如救助儿童、修桥铺路、安置无家可归者等，实现社区社会福利水平的提升。“过程目标”是促进社区民众的能力的提升，包括自助、互助及团结行动的能力，建立社区不同群体的合作关系，发掘及培养社区领袖参与社区事务，增强居民解决问题的能力、信心和技巧等。

托马斯将社区工作的目标划分为“分配资源”和“发展市民”。分配资源是指社会工作者通过组织居民争取合理而平均的资源调配，维护他们最基本的生活水平。发展市民是指社会工作者在社区实践中要培养居民的政治意识，使之掌握更多的政治知识和技巧，令居民拥有信心及能力来影响政党和政府，监督政党或政府的运作，这些目的的最终目标是捍卫社区居民的基本权利。托马斯的划分体系与罗斯曼有一定的相似性，他关于社会工作的“分配资源”的目标与罗斯曼分类方式中的任务目标基本一致，“发动居民”的目标则与罗斯曼提出的社会工作的过程目标相对应。

虽然罗斯曼与托马斯对社会工作方法体系中的社区工作进行了划分，但社会工作的个案工作及小组工作方法均可以融入这样的划分体系，适用于任务目标及过程目标的划分方式。本文将社会工作的过程目标分解为三个层次：第一层次是提升居民自助互助的能力；第二层次是提升居民团结行动，合理表达利益诉求的能力；第三个层次是指提升社区整合资源的能力。社会工作的任务目标也包括三个层次：第一个层次是指救助弱势群体；第二层次是提供针对全体社区居民的服务；第三个层次是协助解决社区问题。社会工作的过程目标与任务目标并不是割裂的，任务目标的实现离不开过程目标的实现，过程目标的实现有利于推动任务目标的实现。

三、社会工作与社区治理目标的关联

社会工作的任务目标与社区治理任务目标具有一致性。社会工作的任务目标在于维护社区弱势群体的利益，提升社区社会福利水平，并帮助居民解决一定的社区问题。与社区治理的任务目标相比，社会工作的任务目标范围相对较小，是社区治理任务目标的一部分。

社会工作的过程目标与社区治理的过程目标具有一致性。多元的社区治理机制本身并不是社会工作的主要目的，而是社会工作者为了能够维护社区居民基本权利、提高社区福利水平的方法和途径，只是在解决社区问题的过程中，社会工作促进了社区多元治理机制的形成。社会工作助人自助的理念蕴含居民要相信依靠自己的能力解决问题，重视提高社区居民解决问题的能力；社会工作提倡依靠社区力量解决社区问题，鼓励居民参与到社区治理中来，重视居民之间的互助与合作。社会工作组织人们在面对不平等的社会、政治、经济政策时要学会利益表达，团结起来与对方沟通协商，甚至采取集体行动（这在社区行动模式中尤为明显），这在一定程度上会使政府决策时更重视倾听居民的意见，助力基层民主建设。最后，社会工作在社区实践中能够帮助并带领社区居民协调社区需要的各种资源，促进社区治理方式的完善。

社会工作的任务目标与过程目标的实现能够有效地推动社区治理的任务目标与过程目标的实现，从而有利于形成多元主体共同参与的社区治理格局。在治理主体方面，社会工作的发展有助于促进居民、社会组织和辖区单位积极参与解决社区问题；在社区治理方式方面，社会工作的发展有助于在依法治理和行政管控之外，形成民主协商治理机制；在治理内容方面，社会工作发展能够更好地解决弱势群体问题，提高社区福利水平并协助解决其他社区问题。

第四节　社会工作推动社区治理创新路径

“社会工作参与社区治理有着独特的优势，有助于提供社区公共服务、促进社区自治、满足社区居民的多样化需求、实现社区多元主体协同治理。”[②]

一、解决社区问题，健全社区功能

（一）社会工作要重点介入社区服务领域

弱势群体问题及民生问题是当前我国社区治理面临的重要任务，社区福利事业是解决民生问题及弱势群体问题的重要措施。但当前我国社区福

② 游河，付凤兰．论社会工作参与社区治理的作用与方法[J]．井冈山大学学报（社会科学版），2021，42（2）：85-90．

利制度及服务还难以满足人们多元化、个性化的服务需求。弱势群体离不开国家的物质救助，例如最低生活保障救助、残疾人救助、住房救助等，但物质救助只能使社区弱势群体维持较低的生活水平，不利于弱势群体的长远发展，社区儿童、老年人、妇女、残疾人以及社区矫正对象等特殊群体的发展需要更专业的心理辅导、技能提升、社区关怀等专业服务。社会工作的主要服务对象是弱势群体，维护弱势群体的基本生存权利是社会工作的核心功能。社会工作者能够从居民的需求出发，提供专业的、针对性的社区服务，提升社区福利功能。因此，社区福利服务是社会工作推动社区治理创新的最主要的工作领域。

（二）介入社区矛盾纠纷的调解

当前我国社区矛盾复杂多样，但社区矛盾纠纷化解效率不高。根据社区矛盾纠纷的特点以及我国法治尚不完善的现实情况，社区冲突的化解需要多元的矛盾纠纷调解机制，社会组织及社区居民是化解社区冲突的重要力量。社会工作在化解社会矛盾方面具有独特优势，因此，社区矛盾冲突的化解也是社会工作介入的重要领域。从我国社区矛盾产生的原因来看，民生问题是当前社区矛盾产生的最主要原因，社会工作通过提供社区服务，修复社会弱势群体及社区的功能，发挥预防社区冲突的作用。与此同时，社会工作的理念和方法也能直接作用于社区矛盾纠纷的调解工作。

社会工作不同于大规模的社会变革，它是通过对社区结构资源的调整来缓解社区的不和谐，维护弱势群体的基本权利，促使社会结构中资源和权力的重新分配，从而使社会微观结构发生变迁。社会工作化解社区冲突的途径主要有：分配社会资源，维护弱势群体权利，从而化解涉及弱势群体权利类的社区冲突；通过赋权，增强社区及社区居民在社区事务决策中的权力，通过居民力量化解社区冲突；通过开展社区自治服务，提高社区沟通能力和社区凝聚力，从而预防和化解社区矛盾。

因此，社会工作的社区发展模式提倡居民参与社区问题的解决，从而一方面减少社区冲突的产生，另一方面提高社区冲突化解的效率。

（三）开展居民自治服务，协助解决社区问题

随着市场经济的发展，城市社区人口的不断增加，社区人员构成日趋复杂。人们对社区卫生、社区文化、社区环境、社区治安等方面工作的要求越来越高，而这些社区公共服务在实际运行中还存在一定的缺陷，也遇

到了许多难题。社区居委会工作者精力有限、能力有限，难以应对所有的社区问题，大量社区问题的解决需要社区居民的广泛参与。社会工作的理念和方法有助于解决社区诸多问题。例如，社会工作通过组织居民开展各种自治服务，在改善社区环境，推动社区文化的繁荣等方面发挥积极作用，弥补政府治理不足。各类社区自治服务项目也为居民提供了交流平台，并使社区居民在共同决策社区事务的过程中提高社区归属感，增强社区凝聚力，进而预防社区各类问题的产生，降低问题解决的难度。

二、积极改善社区治理方式

经过多年的社区治理改革，我国的社区建设取得了显著成就，社区治理组织体系基本完善，但具体的工作机制尚未健全。社区党委、社区居委会及社区服务站三个社区组织职能相互交叉，没有形成“各司其职、相互配合”的社区治理机制。社会工作能够促进社区治理方式的改善，主要表现为以下几个方面：

（一）提升社区居民自助、互助能力

社区治理离不开社区居民的积极参与。当前，我国社区居民的参与意识和参与能力有待提高。在社区举办的各项活动中，老年人是参与主体，且能够参与的内容也多局限于文体活动，社区公共事务决策和开展以及社区福利服务的提供仍然主要依靠政府及社区居委会等官方组织。

社会工作的理念和方法能够有效提升社区居民参与社区治理的程度。第一，在“助人自助”理念的指导下，社会工作者运用专业的方法引导居民相信依靠自身能力能够解决问题。社区社会工作的地区发展模式提倡居民积极参与社区发展，帮助居民发现自身优势，培养居民的自助意识。第二，社会工作重视社区的整体性，运用小组工作、社区组织等方法推进居民之间的互助与合作，发挥社区集体力量解决社区问题。总之，社会工作通过培养社区居民自助及互助的能力，在一定程度上提高社区的自治性。

（二）有效促进社区民主发展

社区民主是社区治理的基础和条件。当前我国社区治理方式中的民主协商机制尚不健全，突出表现为政社协商不充分。政府习惯用行政化的方式开展社区建设，社区居委会也经常将社区事务的民主决策流于形式。社会工作者通过提升居民的民主意识，增强社区居民在社区事务中的决策权，

从而促进社区民主的发展。例如，社会工作者通过组织居民采取合理、适当的方式表达诉求，通过与政府及其他利益团体沟通和协商，维护居民权利。社区居民民主意识及治理能力的提升在一定程度上会使政府及居委会在社区决策时重视倾听居民意见，在制定相关政策时重视社区的具体情况。社区民主的发展一方面能够使政策更符合社区居民的需求，减少政策执行中的困难，也使弱势群体利益得以维护。另外，社会工作还致力于提高本土社区工作者的社区民主治理能力。在开展社区实践的过程中，社会工作重视培育社区本身的力量，通过对社区工作者开展理念和方法培训以及与社区工作者共同开展社区服务，在过程中提高社区工作者的专业水平，使社会工作的功能得以延续。

（三）多方协调资源，力推多元治理

社区治理的重要特征是多元主体共同参与，原因就在于社区问题的解决需要政府的、市场的、社会的多元力量及多方资源，而我国社区工作者在协调资源方面的意识和能力还有待提高。社会组织在提供专业服务、化解社会矛盾等方面具有突出优势。与发达国家相比，我国社会组织的数量少、专业性不高，参与到社区发展的社会组织更是不足，这在一定程度上影响了社区治理效果。社会工作介入社区治理，本身就代表了社会组织介入了社区事务，此外，社会工作还重视居民及其他社会组织的力量。社会工作在社区实践中，针对不同的社区问题，协调适当的资源以解决社区居民遇到的问题，这些资源的来源既有政府部门和社区周边单位，也有社会组织及社区居民。在这个意义上，社会工作有利于推动多元社区治理主体格局的形成。

三、转变社区相关主体的理念

虽然社会工作在社区治理的诸多领域具有突出的作用，且有助于社区治理方式的完善，但社会工作作用的发挥离不开社区治理相关主体的配合。从全国范围来看，我国社区工作的行政色彩依然浓厚，因此，为了使社会工作在推动我国社区治理创新方面的功能得以充分发挥，并使新的社区治理结构更加稳固，社区治理相关主体理念的转变显得尤为必要。

社区治理相关主体，最主要是政府部门（各级政府及街道办事处）、社区自治组织（社区居委会）以及社区居民，促使他们理念发生转变的途径主要有两种方式：一种方式是对其开展社会工作理念和方法的培训，使其

初步接受社会工作倡导的社区发展模式等社区治理理念，为专业社会工作的开展提供条件；另一种方式则是要在社区实践中带领社区工作者及社区居民共同开展服务，使其体验社区治理的过程，掌握专业的社区治理方法。

就我国的现状，对社会工作促成相关主体转变观念，我们应当有以下预期：

第一，政府必须认识到居民的重要性。只有当政府认识到居民参与在社区治理中的重要性，认识到只有符合居民需求的社区服务才能使福利资源发挥更大的效益，才能使居民更理解和支持政府工作；而在社区治理中充分调动居民的积极性，既节省了政府的精力，也提高了社区治理的效果。

第二，居委会工作者必须认识到居民的重要性。只有当居委会工作者认识到居民的重要性，认识到社区工作一定要重视居民的意见，要真正让居民参加到社区治理中来，而不是让居民被动配合，才能增强社区居民的主人翁意识，提高社区归属感和凝聚力。

第三，社区居民要有正确的自我认识与定位。必须让社区居民意识到居民是社区治理的主体，社区的发展离不开居民的参与，社区才可能有源源不断的正能量与活力。

从理论上说，社会工作与社区治理的目标的一致性，决定了社会工作在解决社区问题及完善社区治理方式方面都能够发挥显著的作用。而事实也证明，通过引入专业的社会工作嵌入既有的社区治理体制结构，调整、重新分配治理结构中的各种资源，包括物质资源及权力资源，可以有助于解决弱势群体问题、提供社区福利服务及组织社区自治服务等，同时在此过程中，推动社区居民的参与，提高社区居民的治理能力，促使政府等主体转变理念，夯实社区的社会基础，让社区在中国社会大转型的过程中成为重要的社会生长点，成为观念整合、利益整合的重要社会场域，成为和谐社会的基础。

第五章　社区人口服务融入社区治理能力建设

第一节　社区人口对社区发展的影响

社区是由人构成的，社区人口在社区发展中占有特别重要的意义，社区组织、社区服务和社区管理，无一不是以社区人群为对象、为了人的全面发展来开展和组织的，离开人口要素，社区建设、社区发展和社区管理就都失去了依托。

一、社区人口与社区发展的互动

（一）人口与社区共同体的不断调适与平衡

社区的主体是社区居民，社区建设的基本目标是培育社会生活共同体，显然社区共同体的基础是社区人口。同一地域生活的人们的情感、价值观、社会化、制度、语言等满足人们生活的“功能”把人们联结成为社区共同体，社区人口（居民）以利益共识为基础，以情感认同为境界。社区的人口（居民）总是随着社区生活中共同的经济、文化利益的变化而不断调适与平衡的。当一个社区的功能不能满足其中部分人口的需要时，这部分人口就会迁出该区域，去寻找能够满足自己新的需要的社区，从而引起原居住地社区人口结构的变化和社会功能的失调。

从社区个体的人和社区共同体的关系看，一个社会或群体（包括社区）如果想要继续存在，就必须能完成以下五项基本功能：

第一，人员的替换。在团体或社会中，有成员死亡、离开或是伤残时，该团体或社会都必须有人能够接替，这种接替可以即通过移民、将临近的民族吞并、引进奴隶、生育等方式，保证适当的人口规模。

第二，教导新进人员。假如一个团体中的许多成员反对团体所规定的行为模式以及责任，该团体就无法存续。所以，团体应该要鼓励新进人员学习，并接受共同的价值观与习俗。学习的过程可以正式地在学校里进行，通过显性的教育功能，也可以通过与同辈团体互动的方式进行（这时学习则是隐性功能）隐性的规范训练功能。

第三，生产与分配财贸与服务。每一个相对较稳定的团体或社会，都必须能够提供和分配成员们所需的财货与服务。每个社会对于财务与各种资源的配置，都有一套既定的规则。团体必须至少能满足大多数人的基本需求，否则就造成成员不满而最终失序的局面。

第四，维持秩序。任何团体都必须维系秩序以保证成员和自身安全。

第五，提供并维持生活的目的。人们必须有动机继续成为某个社会的成员，这个社会才有可能去实践以上四个要件建立人们愿意继续成为某个社会成员的动机和价值观体系。

（二）人口与社区发展的相互作用

从国家层面来说，人口政策是一个国家社会经济政策体系中的重要组成部分，它在人口再生产、经济发展、资源利用、生态循环中起重要作用，因而每个国家都力求制定一个符合本国实际的、反映客观规律的人口政策。人口是影响经济社会发展的关键因素，关系着改革开放和社会主义现代化建设的成功，关系着中华民族的未来。可以说，我国经济发展和社会管理面临的重大问题与人口数量、素质、结构、分布问题密切相关，必须全面做好人口工作。从社区层面来说，人口发展和社区发展同样相依相存。

（1）社会经济发展是社区人口发展状况的决定力量。人口的发展，包括人口数量的增减、人口素质的高低、人口结构的变化、人口出生率的高低、人口流动的状况，归根结底是由社会经济发展所决定的，这是马克思主义人口观的一个基本原理。我们把这一原理延伸到社会的各个单元——社区，可以说，社区的精神文明和物质文明发展程度是社区人口发展状况的决定力量。

如果比较上海不同社区的经济文化发展水平和人口发展状况之间的关系，不难发现，社区的物质文明和精神文明发展的程度越高，其人口出生率也越低、人口素质也越高、人口的寿命也越长、老年人口的比重也越高。

（2）人口状况对社区发展具有明显的反作用力。社区人口是社区建设和发展的前提和基础，是构成社区的第一要素。任何社区的存在都必须以一定数量的人口为前提，其发展速度受制于社区人口状况。人口增长速度过快或过慢，人口规模过大或过小，都不利于社区的长远发展。并且人口质量，即人口素质状况制约着社区发展。人口素质包括人的身体素质、文化素质和思想道德素质等。社区发展的核心内容就是提高人口素质。社会经济发展虽然是人口发展的决定性力量，但是，人口发展又是一个相对独立的变量，在相当程度上可以发挥其强大的反作用力，以此来影响甚至制约社会经济的发展。这种影响或制约由于国情不同、性质也各异，归纳起来不外乎积极的和消极的两类。从宏观社会来看，人口状况会影响和制约经济结构、社会安定、文化教育、医疗卫生以及环境保护、资源开发等一切与可持续发展相关的问题。就城市社区而言，社区建设与管理中的文化、民政、治安、卫生、环保等几乎所有问题都会受到人口问题的影响。

二、社区人口变化对社区管理产生的影响

社区管理是指政府和社区组织依据相关的法律对社区居民的公共行为和社区中的公共事务实施管理。社区管理包含了两个层次的含义。从广义上看，社区管理是整个社会公共管理体系的一部分，它既包括社区组织和居民对自身事务的管理，也包括政府对社区的管理。从狭义上看，社区管理是指社区组织对其社区居民的公共行为和社区内部公共事务的管理。城市社区作为城市建设的基础载体，其管理水平的高下直接影响到城市的发展。社区人口是社区管理的基本对象，也是社区管理的基本力量。社区人口的数量、结构、分布等的变化，都会对社区管理的具体要求和发展方向产生深远的影响。

（1）城市人口社会生活的社区化要求大力培育社区归属感和认同感。在中华人民共和国成立后相当长一段时期内，我国城市居民以单位为其社会空间的组织基础，单位是控制和调整整个社会结构的中枢系统。在单位体制之下，国家、单位和个人之间存在自上而下的单向直线式关系网，单位成为居民一切生活的中心。随着市场经济的发展，在经济转型、结构调整时期，下岗、失业现象成为重要的衍生物，城市居民正在从“单位人”转化为“社会人”，社区下岗、失业人员增多，而且在短时期内很难完全消除。单位对城市居民的社会整合作用正在弱化，城市居民的经济、社会与文化生活越来越多地与其所在社区产生紧密的联系，社区逐渐取代单位的角色，成为居民主要的社会空间。我国的社区建设正是在城市人口社会生活状态的大变化的背景下提出的，社区管理和社区建设的首要任务是培育社区人口的归属感和认同感，其次要求社区发挥越来越强大的社会整合功能，从过去的有事“找单位”解决转变为“找社区”解决，满足社区群众

的生活需求。

（2）社区人口的过快增长、流动加快使社区发展的稳定性弱化。社区是以一定数量和密度的人口为存在的基础，人口数量直接关系社区公共财力投入水平、社区设施的分享和社区管理力量的使用。人口数量过多、分布过密给社区的综合治安、卫生、市政建设、市容管理带来相当压力。从上海城市的实际情况看，由于历史原因，一些中心城社区人口过分密集，虽然“人气”较旺，但是其社区发展的余地也较小，社区居民生活质量难以提高。相反，市郊有些新建住宅社区人口过少、住房空置率高、“人气”不旺，对于社区建设和居民生活也极为不利。

在社区人口快速增长的同时，传统的社区人口相对稳定的静止状态也被打破。在过去很长一段时期内，人们的社区“情结”很大程度维系于户口之上；转型时期，人户关系在相当程度上仍然标志着社区与社区成员之间双向认同的程度。已经迁居于某社区而因种种原因未将或未能将户籍迁入该社区，对社区认同感和归属感显然将会产生重要的影响。随着人口流动日趋频繁，人户分离现象大量增多，其实质即为人户关系的社会重构。对社区管理提出了挑战。流动人口增多，流动人口的管理问题成为人口管理的重点难点。外来流动人口多为从农村土地上分离出来的剩余劳动力，他们往来频繁、变动不定，在为城市经济繁荣做出积极贡献的同时，也给城市的卫生环境、治安秩序、人口管理、就业安置等带来新的压力。其次，国际人口、商务人口、旅游人口、通勤人口将大量进入。

（3）社区人口构成的多元化、异质性增强，要求社区具有强大的利益整合能力。社区人口的年龄、性别、职业等结构的状况及其变化，都会根本上影响社区的性质、社区建设与管理的发展方向。由于不同阶层群体对社会的需求也不尽相同，社区工作的核心实质上是整合全体社区居民的整体利益，满足不同人口的需求。不同的人口构成的特征，其对社区管理和社区服务的要求也不相同。如中心老城区，老年人口比重高，居民相互熟悉，社区意识强，邻里关系密切，也容易引起纠纷，居民对社区建设的热情高，但场地、设施等硬件条件差。城市边缘社区，流动人口多，人口来源复杂，社区治安状况差，层次参差不齐，这样的社区凝聚力往往不强。高级公寓社区，往往以白领阶层居多，居民的文化程度高，守法意识强，但人际关系冷漠，对社区建设的热情不高。

由于经济结构的变化，特别是所有制的变化，原来单一的公有制发展到现在成为以公有制为主体的多种所有制成分，在 20 世纪 80 年代后期、

90年代以后，社会上产生了一些新的阶层，原来的工人、农民和知识分子阶层发生了分化，产生了经理阶层、私营企业主阶层和农民工群体等新阶层，各个社会阶层之间的政治、经济关系、生活方式及利益认同的差异日益明晰化，以职业为基础的新的社会阶层分化机制逐渐取代过去以政治身份、户口身份和行政身份为依据的分化机制。随着社会转型的逐步深入和加速，中国社会结构开始急剧分化与重组，社会的异质性逐渐增强，分化倾向越来越明显，社会利益主体不断增生，致使社会整合的基本面发生巨大的变化，这将给执政党社会整合中提出社区建设和社区管理新的挑战。

三、社区人口变化对社区服务产生的影响

（一）社区服务概述

国内目前使用的社区服务定义较多，尚未达成共识。从广义上讲，为社区里的居民提供的各种生活及精神服务，或者说服务于社区的一切服务，都可叫社区服务。从狭义上讲，社区服务由政府倡导和组织实施，多个部门、社团组织和社会公众广泛参与，能够为社区居民提供快捷、便利、舒适的生活服务和丰富多彩的精神文化服务及社区的公共服务，目的是创建一个文明、安定、和谐的社区。

社区服务的核心目标主要有两个方面：其一，社区服务的基本目标是满足社区成员对社区公共物品和公共服务的需要，帮助社区成员树立社区归属感，提高社区整合度；其二，社区服务的深层次目标是在满足社区成员对社区公共物品和公共服务需要的过程中，通过对社区成员的整合和调动，在提高社区成员自身服务能力的同时促进社区建设和社区发展。

随着社区服务的发展，其对象也逐渐由民政照顾对象扩展到全体社区居民，社区服务的项目也越来越广泛。由最初简单的生活关怀发展成为既有物质的，又有精神的；既满足特殊群体，又满足一般群体的门类比较齐全的社区服务。

（二）针对社区人口增长与结构变化，开展对全体居民的社区服务

社区对全体人口提供的服务包括政府公共服务和便民利民服务。

针对社区公共服务建设，必须大力推进公共服务体系建设，使政府公共服务覆盖到社区，依托社区综合服务设施和专业服务机构，开展面向全体社区居民的政府公共服务项目，主要有以下内容：

（1）社区就业服务。通过街道、社区劳动保障工作平台建设，提供就业再就业咨询、再就业培训、就业岗位信息服务等，对就业困难人员提供针对性的服务和援助。结合居民物质文化生活需要开发就业岗位，挖掘社区就业潜力，创建充分就业社区，提高就业稳定性。探索建立信用社区、创业培训与小额担保贷款联动机制，为下岗失业人员自谋职业和自主创业创造条件。

（2）推进社区卫生和计划生育服务。坚持政府主导、社会力量参与，建立健全以社区卫生服务中心（站）为主体的社区卫生和计划生育服务网络，以妇女、儿童、老年人、慢性病人、残疾人、贫困居民等为重点，为社区居民提供预防保健、健康教育、康复、计划生育技术服务和一般常见病、多发病、慢性病的诊疗服务。

（3）推进社区文化、教育、体育服务。发展面向基层的公益性文化、教育、体育事业，建设方便社区居民读书、阅报、健身、开展文艺活动的场所。调动社区资源和力量支持和保障社区内中小学校开展素质教育和社会实践活动，为青少年健康成长创造良好的社区环境。不断提高居民科学素质，面向社区居民开展多种形式的教育培训和科普活动，建立覆盖各类人群的多渠道、全方位的社区学习服务体系。

（4）推进社区流动人口管理和服务。按照"公平对待、合理引导、完善管理、搞好服务"和"以现居住地为主，现居住地和户籍所在地互相配合"的原则，实行与户籍人口同宣传、同服务、同管理，为流动人口的生活与就业创造好的环境和条件。简化办事程序，减少相关手续，取消不合理收费，为流动人口提供优质服务。

（5）推进社区安全服务。深入开展基层安全创建活动，加强社区警务室（站）建设，大力实施社区警务战略，建立人防、物防、技防相结合的社区防范机制和防控网络。组织开展以社区保安、联防队员为主体，专职和义务相结合的巡逻守望、看楼护院等活动。建立及时有效的矛盾纠纷排查、调处工作机制，加强对刑释解教人员、监外执行人员和有不良行为青少年的帮助、教育和转化工作。做好社区消防工作，提升社区消防安全水平。

除此之外，社区还要大力发展便民利民服务。建立党委领导、政府扶持、社会主办、社区组织帮助的社区便民利民服务新格局。完善社区便民利民服务网络，优化社区商业结构布局。鼓励和支持各类组织、企业和个人兴办居民服务业，重点发展社区居民购物、餐饮、维修、美容美发、洗衣、家庭服务、物流配送、快递派送和再生资源回收等服务，培育新型服务业态和服务品牌。

（三）针对社区人口的分化和社会和谐，突出对社区弱势人口的照料与福祉

社会弱势群体是指那些依靠自身的力量或能力无法保持个人及其家庭成员最基本的生活水准、需要国家和社会给予支持和帮助的社会群体。社会弱势群体传统上由老年人、残疾人、贫困者等组成。由于社会的转型和社区人口阶层的分化，社区弱势人群的构成也出现了复杂化的趋势。我国的社区服务是在社区民政照顾特殊困难人群的工作中基础上发展起来的，这是一个很好的传统。在社区服务广泛开展的今天，社区服务中更要加强对弱势群体的扶助与保护。

（1）推进社区社会保障服务。加强企业离退休人员社会化管理服务工作，加快老年公共服务设施和服务网络建设。具备条件的地方，可开展老年护理服务，兴建退休人员公寓。充分发挥劳动保障工作平台的作用，促进和帮助城镇居民按规定参加各项社会保险。

（2）推进社区救助服务。加强对失业人员和城市居民最低生活保障对象的动态管理，及时掌握他们的就业及收入状况，切实做到“应保尽保”。积极开展基层社会救助服务，帮助群众解决生产生活中的实际困难。进一步推进社会福利社会化，加快发展社区居家养老服务业。大力发展社区慈善事业，加强对社区捐助接收站点、“慈善超市”的建设和管理。

因此，随着居住小区化和家庭小型化，社区需要接受由单位和家庭转移来的多项社会功能并加以系统化、完美化，使本身的服务体系不断丰富、壮大，服务功能要求达到“老有所养、幼有所托、孤有所扶、学有所教、残有所助、贫有所济、难有所帮、需有所供”的新境界。

第二节　社区人口的信息采集

我国各部门对社区人口信息的需求可分为两个层面：一是宏观总量数据。包括常住人口总量、外来人口总量、育龄妇女总量、劳动力资源总量等，为判断人口发展趋势、制订宏观经济社会发展政策提供重要依据。二是微观个案数据。如救助对象的健康状况、收入情况，育龄妇女的婚姻状况、生育状况等，为政府有关职能部门制定相关政策和开展管理工作提供依据。按照以往政府社会管理的工作要求，我国社区人口信息掌握在多个不同部门在街道的派出机构和街道办事处各科室。

一、我国社区人口信息采集的传统特点

目前，我国社区人口信息的采集主要具有以下特点：

（1）涉及社区人口的户籍与常住状况不同。有的是户籍在本社区的人口信息，有的是户籍在本市其他社区但常住在本社区的人口信息，有的是户籍在外省市但常住在本社区的人口信息。

（2）涉及社区人口的总体与分支群体不同。有的是全体人口信息，有的是育龄妇女信息，有的是纳入社会保险群体的信息，有的是享受社会救助群体的信息，有的是老年人口信息。

（3）涉及采集社区人口信息的渠道不同。有的是自下而上地直接从本社区居民中采集信息，有的是自上而下地从市、区有关部门采集的信息中间接检索本社区信息。

（4）涉及社区人口的类型不同。在社区人口管理和服务中，涉及人口的类型很多，有老年人、育龄妇女、困难人群、统战人士、残疾人、刑释解教人员等，粗略估算就达 20 多大类，且每一大类中还可能细分不同的小类。所以至今没有也不可能有一个信息系统能涵盖一个人的所有属性，没有一次采集可以将一个人的所有信息都采集全。

（5）涉及社区人口信息的采集和更新时间要求不同。有的是不断采集更新，有的是每月更新一次，有的是每半年更新一次，有的是每年末更新一次，有的是几年更新一次。

（6）涉及社区人口数据采集内容和标准不确定。社会的发展以及管理理念的不断深化，致使公共管理部门对人口的信息需求不断发生变化，采集表的字段很难统一。例如，在上海市老龄委开展的老年人康复服务需求调查表中，“婚姻状况”字段在原来常规选项的基础上新增了“再婚”“分居”两种选项，“就业情况”字段也新增了“退休后返聘”选项。社区人口信息数据采集的内容和标准不确定性很强，给人口信息的采集和维护、管理带来一定的困难。

二、积极推进社区实有人口信息化建设

二元制户籍制度下，我国人户分离现象日益严重，传统的人口管理模

式早已不适应现代社会的要求，如何改革完善现有的人口管理机制是一项迫切需要解决的难题。“实有人口”这个名词早在1998年公安部“苏州会议”上就已经专门针对“户籍人口”提出。2009年，《中共中央办公厅、国务院办公厅转发〈中央政法委员会、中央维护稳定工作领导小组关于深入推进社会矛盾化解、社会管理创新、公正廉洁执法的意见〉的通知》（中办发〔2009〕46号）提到，要切实加强实有人口、实有房屋管理，推进社会管理创新，不断提升政府的社会管理效能和服务水平。

实有人口概念的提出，体现了管理人口的动态化理念，相比以往以户籍地管理为主的静态人口管理模式，无疑是一大进步。加强社区实有人口、实有房屋信息采集，可以解决政府部门对社区人口底数掌握不清、动态掌控不足、基础信息薄弱的问题。在我国人户分离现象日益增多、流动人口和出租房屋的管理长期陷于困境、流动人口权益得不到保障的现实情况下，管理采集的社区人口信息和房屋信息是社区的基础信息，社区居住的实有人口底数清，是政府完善公共服务的保障和加强社会治安管理的基础，对促进我国户籍制度改革、人口信息化建设等方面具有重要意义，同时也能为政府决策和管理、国家政治和经济的发展提供依据。另外，基于实有人口的服务管理模式，有助于充分发挥社区户籍人口、流动人口和境外人口的积极性，有助于他们参与社区的基础管理工作，共同推进和谐社区建设和社区发展。

目前，全国多数省市已在执行实有人口管理理念，部署实有人口信息采集工作。已经开展实有人口管理试点工作的有上海、广州、湖北、北京等省市。

第三节　社区人口的普查工作

人口普查是当今世界各国广泛采用的搜集人口资料的一种最基本的科学方法，是提供全国各社区人口信息的主要来源。通过人口普查，可以查清社区人口的数量、结构和分布等基本情况，还可以查清社区人口的社会特征、家庭特征、教育特征、经济特征、住房状况，以及普查标准时间前一年人口的出生、死亡状况等。通过社区人口普查，可以获得准确的社区人口信息，为政府配置社区资源、进行社区规划提供重要依据。

人口普查工作的开展对于国家的长远规划而言有着十分重要的意义，“因为人口普查工作必须要实现对人口资料数据的收集，而且要实现对总人口数量的分析，这样通过整体工作的开展，就能确保在未来发展的过程中，可以基于对全国人口基本情况的确认来满足对后续工作的落实”[①]。

一、人口普查的主要特点

人口普查（census）就是在国家统一规定的时间内，按照统一的方法、统一的项目、统一的调查表和统一的标准时间，对全国所有社区的人口普遍地、逐户逐人地进行的一次性调查登记。从1949年新中国成立至今，我国已经成功进行过七次全国人口普查，分别在1953年、1964年、1982年、1990年、2000年、2010年与2020年进行。目前，世界各国的人口普查在时间、内容、方法上逐渐趋向一致，具备一些共通的特点，使人口普查资料更具有可比性。

（1）普查登记对象的全面完整性。作为全国人口普查来说，这个地域范围指的是一个国家范围内的全部人口。人口普查是按地域性原则进行登记，某个地域范围内的全部人口都要参加普查登记。

（2）调查登记的个别直接性。从调查方法上来看，人口普查是以人为单位，原则上须按每个人的实际情况，使每一普查对象取得原始资料逐项填报登记，个人的数据应当由当事人直接申报。但在实际调查中并不是每个人都能自行申报，比如，婴幼儿或正值到外地出差、旅游、当时不在家的人就不能自行申报，应由每户指定一位熟悉情况的人如实代为申报。

（3）登记时点的标准性。由于出生、死亡、迁移等原因，人口数是在随时变化的，所以人口普查必须以一个特定时点为标准，全国按照严格规定的标准时点同时进行调查。不论普查员实际人户登记时间在哪一天，都应该以标准时间为准，好比用照相机把当时的人口状况拍摄下来一样，以免重登或漏登。

（4）调查组织的高度集中性。人口普查工作必须在中央的集中领导下，按照中央一级普查机构的部署去组织实施。

（5）普查组织的严格统一性。人口普查工作要按照现代化的统计原理、原则和方法，全国严格统一，包括统一的普查方案、统一的普查表、统一的填写方法、统一的分类标准、统一的工作步骤和进度等。

（6）普查开展的定期性。人口普查总体上是一种静态调查，不能反映人口的变动情况，因此应该定期进行，世界大部分国家规定每隔五年或十

---

① 郭小娟．人口普查入户难分析及改进措施[J]．中国民商，2021（1）：253-254．

年举行一次人口普查。

二、社区参与在我国人口普查具体实施中的作用

人口普查是和平时期最大的社会动员，每一次人口普查的组织实施都需要通过有力的领导和严密的组织，并制定统一的组织实施原则，在国务院和地方各级人民政府的领导下进行。人口普查的顺利进行，离不开社区的参与，社区在人口普查的具体实施中承担了大量工作，发挥了重要作用。人口普查从第一阶段的准备到第二阶段的人户登记和复查，再到第三阶段的数据处理，整个过程的具体实施都离不开社区的参与。实际上，人口普查的所有文件精神和工作的具体实施，都是经由社区得以贯彻执行。社区在人口普查具体实施中的作用主要体现在：

第一，社区要负责做好人口普查地理区域划分、地图绘制和地址编码工作。人口普查地理区域划分和地图绘制工作，是人口普查登记和资料汇总及建立人口地理信息系统的基础工作。科学合理地划分人口普查地理区域，严格认真地绘制普查地图，是保证人口普查不重复不遗漏，保证普查数据质量的关键环节。社区要按照全国人口普查区域划分和地址编码工作细则及相关文件的要求，采取有效措施，切实做好社区内人口普查地理区域划分、地图绘制和地址编码工作。

第二，社区要做好人口普查登记前的摸底。人口普查登记前，普查指导员、普查员应当对社区的人口状况进行摸底。包括熟悉社区及边界周围环境，明确普查登记的区域范围；通过实地考察，熟悉社区内的环境，掌握本社区内各种建筑物的用途、数量和分布情况；入户摸清社区内每幢房屋内的人口居住情况，对公安部门提供的户口整顿资料进行核对，进一步摸清本社区内的流动人口、出生、死亡人口及其他特殊户和特殊人员的情况；编制社区各户户主姓名底册。摸底工作完成后，普查员要根据要求对摸底结果进行汇总，并逐级上报。

第三，社区要负责进行长表抽样工作。摸底工作结束后需要进行的抽样工作具体由各乡、镇、街道负责组织实施，以《户主姓名底册》为抽样框，根据全国人口普查表长表抽样工作细则的规定，完成本社区普查表长表调查户的抽取工作。

第四，社区要负责做好人口普查资料的快速汇总的第一阶段。主要数据的快速汇总、快速汇总工作在复查工作完成后进行。快速汇总工作分四个阶段进行，其中第一阶段就是首先由乡、镇、街道统一组织对普查小区

普查短表和长表分别进行过录，并以普查区为单位分别进行汇总。

第五，社区要负责人口普查的具体实施。各镇、街道也要成立人口普查领导小组及其办公室；村（居）民委员会和有关单位要设立人口普查小组，分别负责人口普查的领导、组织和具体实施。

第六，社区要做好人口普查的宣传工作。各镇、街道在人口普查登记期间，要组织人口普查宣传车，深入到社区，开展人口普查的宣传活动。积极向社区居民进行宣传，使广大人民群众充分了解人口普查的意义、内容和有关政策，解除各种思想顾虑，积极参与、配合和支持人口普查工作。

第四节　社区人口的抽样调查

“人口抽样调查是重要的国情国力调查。”[②]社区人口抽样调查是社区工作中经常使用的调研方法，是获取社区人口信息的重要方式之一。在统计学中，抽样（Sampling）是一种推论统计方法，它是指从目标总体（Population，或称为母体）中抽取一部分个体作为样本（Sample），通过观察样本的某一或某些属性，依据所获得的数据对总体的数量特征得出具有一定可靠性的估计判断，从而达到对总体的认识。

一、社区人口抽样调查的特点与作用

社区人口抽样调查是人口统计工作的一种重要方法。指按随机原则从社区的人口总体中抽取一部分单位作为样本，并根据所得的数据，推断社区人口的相应各项指标值的一种非全面调查。

（一）社区人口抽样调查的特点

社区人口抽样调查的特点：一是社区人口抽样调查只调查社区的一部分人口；二是社区人口抽样调查目的是为了推断社区人口总体，必须抽选足够的样本数以达到一定的可靠性和精确度；三是社区人口抽样调查抽取的方式必须是随机的，社区内的所有人口都有被抽取的相同机会。四是社区人口抽样调查有一定的优点，可以节省人力、财力和缩短调查时间，同时由于抽样的样本少，可以减少调查所产生的误差，所以结果甚至比全面调查取得的资料更为准确。因此，社区人口抽样调查已被广泛采用，成为

---

② 楼建芳. 关于人口抽样调查中出生人口漏报原因及对策分析[J]. 商，2013(2): 180-181.

获取社区人口信息的重要方式之一。

（二）社区人口抽样调查的作用

社区人口抽样调查的作用主要有：一是用于专项人口调查，如妇女生育率抽样调查、老年人口抽样调查等；二是用于定期人口抽样调查，如人口变动情况抽样调查；三是用于两次人口普查间的简易人口普查，如1987年中国1%人口抽样调查；四是用于人口普查中对部分项目使用抽样方法进行调查以及提前汇总部分人口普查资料；五是用于检验人口普查登记质量等。

社区人口抽样调查是从我国基本国情出发，落实科学发展观，构建和谐社会的一项具体举措，具有很强的现实意义。社区人口抽样调查能让社区及时地掌握社区人口构成状况和变动情况，准确地反映社区劳动力资源以及就业和失业人口的总量和结构情况，使社区服务能够更具有针对性，一切以群众利益最大化为目标，使辖区居民与社区形成更良好的互动，给居民一个亲切、卫生、舒适、安全、快乐的社区大家庭。

二、社区人口抽样调查的常用方法

根据人口抽样组织方式的不同，社区人口抽样调查的方法有简单随机抽样、系统抽样、分类（层）抽样、多阶段抽样、等距抽样、整群抽样等多种形式（图 5-1）。它们各有其优缺点，在实施社区人口抽样调查时，通常加以综合运用。

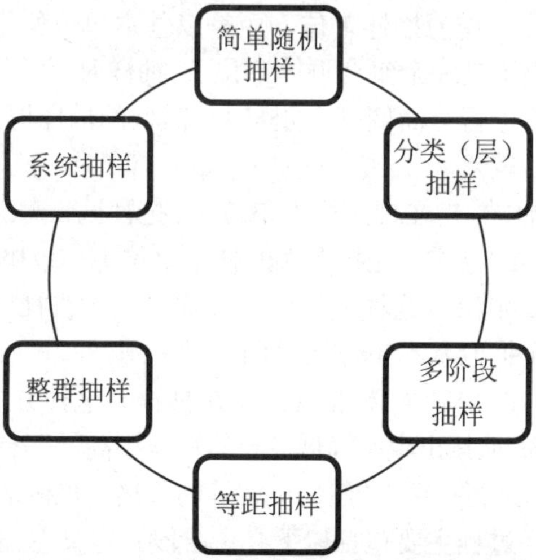

图 5-1　社区人口抽样调查的常用方法

（1）简单随机抽样（simple random sampling），也叫纯随机抽样。是指对社区内所有样本不经过任何整理而从总体 N 个单位中随机地抽取 n 个单位作为样本，使得每一个样本都有相同的概率被抽中。特点是：每个样本被抽中的概率相等，每个样本完全独立，彼此间无一定的关联性和排斥性。简单随机抽样是其他各种抽样形式的基础。通常只是在社区样本差异程度较小和数目较少时，才采用这种方法。为了避免被抽取的样本过度集中或分散，人口抽样调查一般不用纯随机抽样的方式。

（2）系统抽样（systematic sampling），也称等距抽样。将社区中的所有单位按一定顺序排列，在规定的范围内随机地抽取一个单位作为初始单位，然后按事先规定好的规则确定其他样本单位。先从数字 1 到 k 之间随机抽取一个数字 r 作为初始单位，以后依次取 r+k、r+2k 等单位。这种方法操作简便，可提高估计的精度。

（3）分类（层）抽样（stratified sampling），当社区人口各单位的调查标识值之间的差异比较大时，为了使同样数目的样本具有较高的代表性，可以先把社区人口总体单位按类型分层，把标识值比较接近的单位分在一起，使层内的差异缩小，然后在各层中再按随机原则抽选样本。如研究人口自然增长率时，可以划分为城市、山区农村、丘陵农村、平原农村等层。通过分层，使样本在总体中的分布较为均匀。分类抽样比纯随机抽样更易应用，而且可以提高抽样效率。

（4）整群抽样（cluster sampling）。它不以社区人口总体中的基本单位（如户是基本单位）作为抽样单位，而是以基本单位所组成的集合群体作为单位（如居民小组是一个集合群体单位），抽样时直接抽取群，然后对抽中群内的所有单位进行全面调查。抽样时只需群的抽样框，可简化工作量，缺点是估计的精度较差。

（5）多阶段抽样。指在抽选样本单位时，把社区人口总体分成若干级，采取逐级抽取样本的方式，先抽取大的样本单位（初级单位），最后抽出直接调查登记的基本单位。这种抽样调查方式，大多在社区人口总体单位的范围分布广，一次抽取基本单位比较困难时采用。

（6）等距抽样。又称机械抽样或系统抽样。这种方式是把社区人口总体按一定标志排队（如按出生率高低或自然增长率高低等有关标志进行排队，或按其他无关标志进行排队），然后按相等的距离，机械地抽取样本单位。

社区人口抽样过程主要包括以下几个阶段：定义总体（母体）、确定抽样框、确定抽样方法、决定样本量、实施抽样计划、抽样与数据收集、回顾抽样过程等。

三、我国社区人口抽样调查的组织与实施

我国自 20 世纪 80 年代开始，实施全国规模的定期人口抽样调查。国家统计局在 1982 年人口普查的基础上，自 1982 年开始，每 5 年进行一次人口抽样调查，并形成了一项调查制度。调查目的是为准确及时地掌握全国和各社区每年人口变动情况，并为国家检查人口政策和人口计划执行情况提供可靠的调查数据。

社区人口变动情况抽样调查的基本方法是：以出生率作为估计样本的依据，确定把握程度为 95%，允许误差为 0.5‰，样本规模约 47 万人，总概率为万分之四点五，即近似 1/2000。采取分层多阶段随机等距整群的抽样方式。先按省（直辖市、自治区）和县、市分层，然后按县（市）、乡（街道）、村民小组（居民小组）三个阶段抽样。第一阶段：省抽县、市（区）。县和市分层后，分别按地址号码顺序排队，以累计的人数等距抽取 15%的县或市（区）。第二阶段：在被抽中的县、市（区）内，以相同的方法抽取 10%的乡或街道。第三阶段：在被抽中的乡或街道内，以相同方法抽选 3%的村民小组或居民小组。对被抽中的村民小组或居民小组范围内的全部家庭户进行调查。

社区人口变动情况抽样调查的调查项目有：姓名、与户主的关系、户口登记状况、性别、年龄、民族、婚姻状况、1 月 1 日在户状况、12 月 31 日在户状况、出生、死亡、迁入、迁出、育龄妇女生育子女总数和存活子女总数，以及当年生育胎次等 15 个项目。重点是调查出生率、死亡率、自然增长率，以及人口总数的变动情况。根据国家需要，每次社区人口抽样调查还在调查中增加或调整个别重要项目。

第六章　社区教育推进社区治理能力建设

第一节　社区教育的作用及基本条件

“社区教育的根本目的就是要建立一个面向地区和服务地区的全面的终身教育模式，从而更好地适应地区经济的发展和社会文化建设的发展。”[①]社区教育是一种非学历教育，也是我国终身教育的一种形式，实质上就是要在每一个人需要学习的时刻以最好的方式来提供相应必要的知识和技能。

一、社区教育的作用体现

社区教育是一种面向全体居民开展教育活动的教育形式。社区教育的对象包括婴幼儿、少年儿童、青年、成年人和老年人，旨在提高社区成员的素质和生活质量，其核心功能是促进每个社区成员充分、自由地发展。

（一）社区教育与人的发展

以人为本，简单地说就是要以人作为根本出发点和落脚点来处理和解决各种问题。“以人为本”成为人本化教育理念中一项很重要的内容，提倡教育以人为本，是强调以受教育者的和谐发展为根本，保障人的基本的学习权利。在开展教育工作时，应将“育人”摆在各项工作之首，避免功利化、政治化，提倡教育的人本化。以人为本强调的是，人是社会的主体，在社会活动中发挥着主体能动性，教育者在教育工作中需要从人的本性出发，把关心、尊重、发展人作为目标，始终把生命个体的全面发展放在第一位，使得所有的教育教学活动归根结底都能培养自我完善、自我生成、自我实现的全面发展的人。

1. 教育目标以人为本：提高素质，全面发展

21 世纪的今天，科技、经济飞速发展，信息化时代的到来加快了知识更新的速度，唯有坚持终身学习，才能避免被社会淘汰。就价值观角度而

[①] 胡静，安伟洁. 浅论社区教育[J]. 成人教育，2014，34（4）：19-21.

言，社区教育作为培养人的社会活动，强调的是教育的本体价值，即培养主动接受知识、学会认知，掌握生存和发展的技能，最重要的是能够学会学习，挖掘自身潜在的创造力，促进社区全体成员的全面发展和整体发展，并为其创造良好的环境和条件。通过与学校、社会组织和企业之间的合作，整合一切教育资源，使得社区内的全体成员享受平等的受教育机会，达到人人学习、处处学习、时时学习，最终实现自我素质的提升以及自我潜能的挖掘。

社区教育既要通过举办休闲的娱乐活动，训练社区成员的自理能力和自主精神，进而发展成员的文化水平和职业能力，又要培养社区成员互帮互助的合作精神，改善社区内成员之间的人际关系，创建良好的社区教育环境，以形成社区成员积极的价值观和道德感。作为社区服务的事业，社区教育要为社区内的全体成员，尤其是弱势群体提供各自的学习位置，简言之，社区内的全体居民都能够通过周边的社区教育，获得长足发展。此外，社区教育在面对社会转型期人们价值观变化时，也可以通过传播和弘扬传统文化与良好的道德风尚，以及创造符合时代特征和社会要求的新文化，促使人们在社区的交流互动中同社会主流价值观达成一致，使得不同价值取向、不同性格的社区成员在社区精神的统摄下全面协调发展。

2. 教育内容以人为本：面对全员，针对需求

社区教育是社区内全体成员共同参与的活动，它面向的是社区内的全体成员，从人的全面发展的要求出发，通过多元化的设计以尽可能满足各个成员的教育需求。总的来说，针对社区教育对象的不同，社区成员的需求主要有以下几方面：

（1）针对转岗、待业人群。随着我国经济体制改革的深入以及产业结构的调整，转岗、待业人群增多，社区教育应提供职业培训，帮助转岗、下岗人群提高再就业能力。

（2）针对老年人群。随着老龄化社会的到来和相关退休政策的实施，社区教育应针对老年人群举办娱乐活动，丰富老年人群的生活，为老年人尤其是退休人员提供医疗保健、文化教育等，提高老年人的生活质量。

（3）针对闲暇时间较多的人群。每周双休制的推行以及节假日的延长，在职人员的社区生活时间增多，社区教育应为其营造一个良好的集休闲、娱乐、学习于一体的教育环境。

（4）针对迁入城市的外来人口。日趋完善的政策环境、城市化进程的加剧，使得人口流动呈上升态势，大量农村人口拥入城市，遍布于各个社区。社区教育应为其提供基础文化知识、职业技能的相关培训，增强其社会适应能力和竞争力，使其迅速融入城市生活。

（5）针对“无单位”人群。自由职业的涌现，个体、私营的“无单位”人群逐渐增多，社区教育需要通过社区活动增强他们的社会认同感，为他们提供社会支持。随着社会的进步以及人们生活水平的提高，社区成员更多地追求高质量而富有情趣的生活。除了传统文化、知识、技术方面的教育，社区教育应适应人们需求的变化，开设法治教育、生态文明教育、道德教育以及家政服务、健康活动等，不断充实完善，以满足人们日益增长的教育需求。

3. 教育形式以人为本：统筹协调，灵活多样

如今企业在招聘人才方面也开始注重职员的综合素质。而要从根本上提升国民的综合素质，就需要综合多样的教育形式，使年龄、性别、地区等背景不同的公民，都能随时随地找到适合自己的学习方式和学习机会，从而满足自己的学习需求。社区教育依托于社区而存在，内部强调充分挖掘社区中各个组织之间的教育功能，外部发挥社区教育的整合功能，使多种教育教学形式相互协调、补充，形成资源共享机制，从而满足成员的学习需求。社区教育体系中，正规的学校教育能够与社区内的各级各类组织相互依存、相互影响；而非正规的教育则以其独有的多样性、适应性和灵活性，使得社区成员在与周围的人、事、物接触过程中，掌握知识和技能，形成一定的态度和价值观念。社区教育集正规与非正规、正式与非正式教育于一身，进行一体化运作，突出了教育资源的共享，将教育从时间和空间上有机整合，形成了灵活多样的教育形式，实现教育的全方位开放，极大地激发了社区成员的学习动机，使其通过学习实现自身的价值。

（二）社区教育与学习型社区建设

为了进一步推动社区教育的改革发展，为“基本形成学习型社会”打下基础，深刻认识和把握社区教育与学习型社区建设的内在联系，显得尤为重要。

学习型社区建设既是构筑社区教育的主体内容，又是开展社区教育实践所追求的方向。学习型社区是以一定的地域为特定空间，以社区学习者为主体，以终身学习理念为其核心理念，以学习型组织为主要载体，以社区成员终身学习和终身教育网络为架构，以形成终身学校文化为标志，使社区成员无障碍学习得以实现，从而促进社区成员全面发展和社区可持续发展的新型社区。[①]学习型社区由学习型组织构成，学习型社区组织即是有机组合的、高度柔性的、扁平化的、能够持续发展的组织，包括三点要义：一是组织学习而非个人的学习；二是具有持续的学习力；三是通过学习实现组织整体的生存、发展与创新。

学习型社区的基本特征主要有：学校的终身性、教育的整合性、资源的开放性、管理的自主性、组织的服务性、功能的全面性等。学习型社区的基本特征与社区教育的基本特征具有许多相通之处。这表明学习型社区与社区教育是两个既有区别又有联系的概念，它们都是在终身教育理念的指导下逐步发展起来的，具有共同的人本主义思想和学习观念。两者均是形成学习型社会的基础，可促进人的全面发展和自我实现，关注社区整体乃至社会的可持续发展。

1. 社区教育是学习型社区建设的先导

“人的生存是一个无止境的完善过程和学习过程；人是一个未完成的动物，并且只有通过经常的学习，才能不断地完善自己。”[②]时任联合国教科文组织国际教育发展委员会总干事的富尔认为，教育的目的在于使个体能够做到“自我肯定”“自我独立”，使我们能够成为“真正的自己”。学习型社区是一个为教育而充分动员的社区，是一个医治社区居民心灵困惑的场所，良好的社区教育能够保障社区的可持续发展。

现代意义上的社区教育直接面对基层社会发展的需要，通过各种培训活动来提高社区居民的知识技能或整体素质，从而满足社区居民自身成长和适应社会的需要。而学习型社区的提出为社区教育的持续发展和深入发展指明了方向，能更好地促进社区教育满足社区成员的教育需求，回应社区成员日益增长的精神文化需要，提高社区成员的生活质量。社区教育是学习型社区建设的初级阶段，社区成员参与社区建设、发展的积极性和自觉性，决定了学习型社区的凝聚力和社区成员的归属感。正确地引导和启发社区居民体验学习型社区的共同利益，产生强烈的学习意识，必须依赖于强有力的、灵活多样的社区教育活动。从这个角度出发，社区教育是学习型社区建设和发展的先导。

2. 学习型社区是社区教育的高级阶段

社区教育是学习型社区教育的基础，学习型社区是在这一基础上的继续发展。从社区教育到学习型社区的建设，这一过程实现了两大突破：

一是由教育到学习的突破。学习型社区中，社区居民由教育的对象转变为学习的主体，所有成员都能自觉地参与学习活动，学习型社区成员的权利和责任，成为一种主动的、自觉的学习行为。自我导向性学习成为主要的学习方式，学习个体和组织构成社区学习的主体，学习的意愿、需求、方式等都受到尊重，学习的积极性、创造性都得到不同程度的释放。

二是从教育范畴到生存范畴的突破。学习不仅仅属于教育的范畴，而且可以转变为一种生存的方式，学习即生活，学习即生存。学习型社区作为高度综合化的社区教育，比社区教育覆盖的范围更广，涉及社区生活的方方面面。学习型社区必然有一个统一协调管理的机构，更强调各个构成要素的作用和相互联系。不仅要求社区内各个要素自身的学习化，而且更加强调各构成要素在这一社区整体中的团体力量，在学习型社区建设中发挥最大的合力。学习型社区建有一定规模、设施先进、组织结构完善的社区教育中心或教育基地，因此学习型社区强调组织内部的平衡与和谐，关注学习者的学习权利的保障以及学习机会的平等。作为终身学习体系的一部分，学习型社区中学习将成为个体自身发展的手段，成为一种持续、终身的学习活动，学习型社区相比较社区教育来说，将更加强调社区的可持续发展，注重各项管理体制、运行机制的完善，为社区学习持续、健康、规范地开展提供保障，进而使整个社区呈现人人是学习之人、时时是学习之机、处处是学习之所的浓厚的学习氛围。

（三）社区教育与终身教育体系构建

终身教育是社会生活中所有教育的统合，是一切正规、非正规教育活动的总和。我国的终身教育体系构建就是以建设学习型社会为现实目标，以社区教育为载体，以创建各类学习型组织为主线，以建设社区公共学校资源平台为支撑，政府主导、单位配合、社区支持、公民参与相结合，最终达到“人人皆学、时时能学、处处可学”的美好愿景。

1. 社区教育与终身教育目标具有一致性

社区教育的目标与终身教育的理念相吻合。社区教育与终身教育理念都强调基于个体的成长、发展过程，将教育融入社会大系统中，并使之成为社区成员共同享有的权利，营造人人皆学、时时能学、处处可学的学习氛围，最终实现改善生存环境、提高生活质量、提升社会整体素质的目的。包含社区教育在内的学习型社区建设，将终身教育与社区教育有机地结合起来，为终身教育找到了良好的立足点和较好的组织形式。终身教育为社区教育提供理论指导，是社区教育的归宿；社区教育作为满足人们终身教育需要的承载形式，是终身教育的切入点和抓手。

2. 社区教育是实现终身教育的最佳形式

终身教育是信息化社会背景下产生的一种教育模式，是社会满足个人对学习的永恒要求，更是人类社会的进步。其有以下基本特征：①学习进程的终身性；②学习模式的个性化；③学习资源的共享化；④学校手段的现代化； ⑤学习属性的社会化等。

终身教育的基本特征，决定了学习活动与生活活动的相容性。这种教育模式兼具大众化、普及化、生活化的特性，将个体人生各个阶段的学习活动与该阶段的生活活动融为一体，使得教育的空间形式和组织形式突破传统教育的壁垒，从而将教育与家庭生活、职业生活紧密结合起来，使得教育的空间由学校拓展至家庭、单位、社区等社会中的每一角落。因此，终身教育是社区教育建设的重要目标。社区教育作为终身教育体系中的重要组成部分，其本质是一种教育与社区生活、社区发展融为一体的生活教育。个体在社区学习中以自身的成长和更好的生活为目标，以个人的发展带动社区的发展，社区教育的发展状态标志着全员终身教育的发展水平。因此，社区教育是实现终身教育的最佳形式。

二、社区教育的条件保障

毋庸置疑，与普通教育、职业教育等相同，社区教育的有效开展也需要一系列的条件保障，如稳定的教师队伍、有受教育需求的学员、开展教学活动的场所、充足的教育资源等。而鉴于社区教育的独特属性，其条件保障也具有相对不同的特点。

（一）社区教育的教师

1. 社区教育教师的类型

社区教育在我国是一个晚近才出现，尚处于发展与建设过程中的教育类型，与普通教育相比，它更多地呈现出动态性、不稳定性等特征。受此影响和制约，社区教育教师作为一个特殊的群体，与普通教育教师不同，也是一个动态变化的群体。实际上，社区教育教师的类型和结构已经超越了传统教师的概念范畴。社区教育教师的来源具有广泛性的特点，这意味着凡是能够满足社区成员学习需要和提供服务的人员都可能成为某种意义上的社区教育教师。因此，社区教育教师的结构类型是多元化的，它汇集了社会各方面的智力资源和人才力量。

在我国的社区教育实践中，社区教育教师从类型上一般可分为专职教师、兼职教师及志愿者三类。

（1）专职教师。

相对于兼职教师和志愿者来说，我国社区教育的专职教师为数并不多，尽管如此，他们却是社区教育教学活动的抓手，起到了至关重要的骨干作用。社区专职教育教师承担着多种角色，他们既是负责一线教学任务的教师，也是社区教育活动的组织者和管理者。作为专职教师，他们有义务深入社区基层，调查和了解人民群众对于社区教育的需求和意见，并以此为基础开展有针对性的课程教学。社区专职教育教师的来源一般有两个方面：首先是来自普通教育、职业教育等学历教育系统的教师，他们多由基层教育行政管理部门选拔和委派，从各个中小学、职业学校加入社区学校中担任专职教师；其次是面向社会公开招聘和选拔的教师，并不限于教育系统，只要满足一定的条件和标准并通过考核就可担任。

（2）兼职教师。

在当前的社区教育实践中，兼职教师是承担社区教育工作的一个主要力量，在整个社区教育教师队伍中占有相当大的比例。兼职教师队伍来自各个企、事业单位，是社会各行各业的优秀骨干，他们有着娴熟的职业技术技能和丰富的才艺，是社区教育工作必不可少的教师资源，为社区教育开设各种专业课程提供了有力的人力资源支持。在我国，兼职教师的主要来源有：社区内具有一定专长和技能的在职和退休教师、工程技术人员、企业经营管理人员、卫生医护人员和其他专业人员，以及基层行政管理部门从单位内部选派的符合条件并热心于社区教育工作的干部等。

（3）志愿者。

社区教育志愿者是社区教育教师的一个重要组成部分，他们往往怀着服务和贡献社会的极大热情，自愿付出时间和精力，并且不计较物质报酬，是推进和开展社区教育事业的一支不可或缺的参与力量。社区教育工作仅仅依靠专职、兼职教师队伍是远远不够的，除此之外，还应大力建设一支志愿者服务队伍。纵观西方发达国家的社区教育事业，专业、高效的志愿者服务队伍是其社区教育稳定、兴旺发展的重要条件。同时，由于教育发展的不均衡性，一定区域的专兼职

教师资源在客观上是有限的，而人民群众对于社区教育的需求则是一直处于不断增长之中，所以，开掘和动员社会的人力资源，建设志愿者服

务队伍，可以作为社区教育师资的有效补充。

2. 社区教育教师队伍的培养和建设

从目前来看，由于我国社区教育发展的滞后性，社区教育师资队伍的建设也比较缓慢，许多地区的社区教育师资十分匮乏，社区教育事业发展的需求在师资保障上得不到有效满足。比如，在很多社区，社区教育教师短缺的同时，可以胜任社区教育工作的普教教师和职教教师却较为富余。因此，如何培养和建设社区教育教师队伍，优化配置现有的教师资源是社区教育工作需要重点关注的问题。

（1）共享学校教师资源。

社区教育教师队伍的培养和建设是一项十分重要的任务，需要得到高等师范院校的支持和参与，应从校园阶段就开始进行社区教育教师的培育和训练。然而从当前来看，系统的社区教育教师培养工程是一项长期工作，远远不能满足现在社区教育事业对于师资的旺盛需求，所以师资队伍建设在做好长期系统培养工作的同时，还需另辟蹊径，从现有的中小学、职业学校挖掘适合于社区教育工作的人才，以有效整合现有的学校教师资源。要做到这一点，需要政府行政管理部门的深度介入，从人事制度和学校建设上做文章，主要可采取两种措施：一是教育行政管理部门对各类教育事业的人员编制进行优化调整，在国家劳动人事制度的基础上制定编制规划，适当向社区教育事业单位倾斜，引导、鼓励和选派一部分优秀的普校和职校教师加入社区学校当中来，这样可以在人事编制上为社区教育师资建设提供有力的保障。

简言之，要充分挖掘和利用现有学校的教师资源，就要破除教师只为本校服务的陈旧观念，树立教师为社会服务的意识，如此才能促进学校间的教师资源共享。

（2）发掘兼职教师资源。

尽管有学校教师资源的支持，我国社区教育可利用的专职教师仍然较为有限，远不能满足社区居民对社区教育活动的需求。社区教育作为一项具有灵活性、多元性、普泛性的教育事业，不应拘泥于依靠专职教师开展教育工作，还应大力发掘兼职教师资源。社区教育是广大社区居民共同参与的教育活动，而社区居民里不乏具备各类专门知识和技能的人才，他们是亟待挖掘的兼职教师资源，经过一定的培训和认证，他们完全可以承担社区教育的工作。

社区内可开发利用的兼职教师资源主要包括这几类群体：一是离退休

人员，他们已从岗位上退休，具有充沛的时间和热情参与社区教育活动，同时作为老同志，他们有着深厚的阅历、广阔的视野、丰富的经验，可以拓展和丰富社区教育的内容。二是专家学者。这些人学识渊博、受人尊重，可以为社区教育提供智力支持。一方面，他们在社区教育活动中作为兼职教师向学员普及自然科学、社会科学基本常识，介绍最新的学术前沿问题；另一方面，对社区教育活动进行深入研究和理论指导也是他们特有的优势。三是企业界人员。社区内各行各业的企业公司有着社区教育所急需的经济资源和人力资源，社区学校应当与企业加强联系和沟通，争取企业对社区教育的经济和人力支持，政府也应出台相关政策，引导和鼓励企业对社区教育做出贡献。总体来看，社区中具备各种职业技术技能、优秀的才艺，能够胜任社区教育工作的社会贤达非常多，社区教育不可忽视这类宝贵的人力资源，要加以充分挖掘和利用。

（3）建设志愿者队伍。

随着我国社区教育的加速发展，师资匮乏的问题也越来越严重，因此，社区教育的师资队伍除了以专职教师为骨干、兼职教师为主体以外，还应建立一支社区教育志愿者队伍，这是衡量区域社区教育现代化程度的重要标志。①我国社区教育的志愿者主要有：具有专门知识和技能的在职或退休教师，企业经营管理人员，以及各行各业的专家、教授、大学生、专业技术人员等。他们以极大的热情投入社区教育当中，是社区教育的重要建设力量。

针对如何建设一支专业、高效、数量与质量兼具的志愿者队伍，根据社区教育事业开展的实践经验，应当做到以下几个方面：首先要在态度上真正重视社区教育志愿者队伍建设。社区教育的日常工作要把志愿者队伍建设作为一项重要任务来抓，要制订详细的计划，认真地组织志愿者队伍建设，政府要在政策上予以支持，引导和鼓励社区居民志愿参与社区教育事业。其次是明确志愿者工作职责。如上海市在社区教育学校的实体建设实践中，确立了志愿者活动的“教育、咨询、管理、服务”宗旨，明确提出了志愿者的工作职责[①]，值得各地区的社区教育部门借鉴。再次是加强培训，提高志愿者服务队伍的素质。随着数量越来越庞大的志愿者队伍加入社区教育事业当中来，他们的工作态度、工作水平将直接影响社区教育活动的效果，因此，社区教育部门有必要开展专门培训，将这一形式上零散、数量上庞大的队伍加以专业化，提高他们社区教育服务的水平，如此才有利于稳步和有效开展社区教育事业。

（二）社区教育的学员

社区教育作为教育类型的一种，当然也具有一般教育的属性，具有其特殊的教育对象。从根本上来说，社区教育的产生即来源于社区教育对象的受教育需求。然而，作为与普通教育、正规教育不同的教育类别，社区教育对象有其自身的独特内涵。社区成员是构成社区的最为重要而基本的要素，没有社区成员就不成其为社区，而社区教育的教育主体就是社区成员，社区教育就是面向全体社区成员来开展的，社区成员对于社区教育的需求是社区教育存在和发展的根本动力，因此，社区教育的对象就是社区成员，接受社区教育的社区成员就是社区教育学员。社区教育学员接受社区教育所获得的知识与技能，应当以人的全面发展为导向。提高社区教育学员的综合素质，提升他们的知识和技能水平，增强他们的实践应用能力，是社区教育教学活动的基本任务。

1. 社区教育学员的教育需求特征

在教育需求特征上，社区教育学员与其他教育类型的受教育者有着明显的区别。当然，社区教育与当下教育体系中的普通教育、职业教育、高等教育和成人教育存在密切的联系。社区教育的开展必须建立在学员已经接受了一定普通教育的基础上，而职业教育和成人教育也经常面向社区开展各种形式的职业培训。尽管如此，社区教育学员的教育需求仍然具有自己独特的一面。

首先，社区教育学员的教育需求具有广泛性。其主要体现在社区教育需求主体类别的广泛性，社区教育需求者不仅仅限于学龄前儿童、少年学生、青年学生，也面向社会上的青年人、中年人和老年人。在职业类别上，需求主体既包含了学生、工人、干部和群众，也包含了就业者、失业者和离退休人员，还包括了社区内的固定居住人口和流动居住人口。总之，社区教育学员教育需求的广泛性根源于全体社区成员构成的复杂性。

其次，社区教育学员的教育需求具有多样性。教育需求的多样性主要体现在两个方面：一是社区教育学员对于学历需求和课程内容需求的多样性，不同的学员对于社区教育具有不同的目标，既有对学历教育的需求也有对非学历教育的需求，既有对普通文化知识的需求也有对专门技术知识的需求。二是由于社区教育学员年龄构成的复杂性，处于不同人生发展阶段的学员对于社区教育的需求也自然就不同。如处于道德成长阶段、就业要求阶段、社会适应阶段、家庭生活阶段、未来追求阶段等不同阶段的学员，对教育内容和课程的需求就千差万别。因此，不能一概而论，必须有针对性地加以区别。

最后，社区教育学员的教育需求具有潜在性。由于我国社区教育的兴起时间不长，许多社区开展社区教育还处在初始阶段，加之信息的不对称性，很多社区成员对社区教育并不了解。因此，需求者难以提出或完整地表达自己的需求信息，这就造成了教育需求的模糊性。但需求模糊不等于没有需求，只是需求暂时处于隐蔽状态，这就是教育需求的潜在性。潜在的教育需求需要采用一定的方法，根据相关信息进行分析和预测，并积极地进行开发，使之显性化。

2. 全国人口结构变化与社区教育潜在需求

自进入21世纪以来，我国的经济增长十分迅速，城市化水平、人民的受教育水平和生活水平不断提高，而人口结构也随之不断发生变化，人口老龄化加速，青少年人口比重不断下降，人口流动进程加快。

首先，我国的人口老龄化趋势不可抗拒，而数量庞大的老年人口将成为社区教育的重要对象，通过社区教育丰富老年人的晚年生活对于治理老年问题也具有重要价值。老年人参加社区教育（活动）直接促进了老年人与社会的融合，提高了老年人再社会化的程度。在家庭关系上，老年人比较容易与儿孙们沟通，减少代沟；儿孙辈们提出的问题也促使老人们再读书学习、益智增慧，生活越发充实，于健康更有益。

其次，对不断涌入城市的农村转移人口进行社区教育也成为亟待解决的课题。随着户籍人口城镇化率的提高，我国的农业转移人口在未来几年将持续大幅度增加。而从世界许多发达国家城市化的经验来看，真正的城市化既不是农民进入城市居所的简单转变，也不是农民变成市民身份的简单转变，而是其生活方式、文化素质及思想观念全面转变的过程。因此，为把农村转移人口塑造成具备较高综合素质的现代市民，社区教育担负着不可推卸的使命。

再次，针对14岁以下不断减少的青少年，可以通过学校教育、家庭教育、社区教育的联动互补来促进青少年的健康成长。

最后，针对青壮年不断减少的农村地区，要加强社区教育，以提高农村居民掌握科学技术的应用能力，促进农业现代化和新农村建设。总体来说，目前中国正处在经济快速发展、城镇化进程加快、区域间人口流动增大、向老龄少子化社会过渡等多种较大社会变化的历史时期，在给社区教育的发展带来巨大历史机遇的同时，也对社区教育提出了更高要求，应不断加强对人口变化以及各类人群社区教育需求的研究，使社区教育的发展贴近社会需求、满足时代需要。

（三）社区教育的场所

一般来说，在社区中任何能够承担社区教育功能的场地、设施、机构、组织等均可以是社区教育的场所。与普通教育的场所相比较，社区教育的场所具有更大的灵活性和开放性特点，其形式可以不拘一格、丰富多样。

社区教育的场所主要分为两大类：一类是正式的有组织、有管理、有明确目标的教育机构、学习场所和场合，如各级各类社区学校；另一类是非正式的学习场所、场合或机构，如各种学习型组织、社区文化机构等。

1. 社区教育的正式场所

正式的社区教育场所是指经国家教育行政主管部门或其他政府主管机构批准备案的、坐落于社区的具有现代学校基本特征的学校。

（1）全日制社区学校。社区内的任何起到社区教育作用的正规全日制学校均可视为全日制社区学校，包括幼儿园、普通中小学、普通高校、职业学校等。根据《中华人民共和国教育法》“分级管理、分工负责”的管理原则，幼儿园多属社区有关机构主管，普通中小学、各类全日制中等专业学校由地方人民政府管理，但实际上街道和乡镇承担着主要的分管责任。普通高等院校由国务院和省、自治区、直辖市人民政府管理，因而基本上不属于社区管理。可见除了普通高校，几乎所有其他全日制社区学校均或多或少受到社区一定程度上的管辖。由此可见，全日制社区学校包括多种教育类型，向社区居民提供包括学前教育、基础教育、职业教育及高等教育等几乎所有教育形式，除了普通高校面向包括本社区在内的更大范围乃至全省和全国的民众之外，前三种教育类型的学校主要都面向社区。这些全日制社区学校同时也是终身教育的组成部分，为社区居民提供完整的终身教育服务。

（2）非全日制社区学校。非全日制社区学校是指非学历教育性质，业余时间开展的各种居民学校，当前学界所谈的“社区学校”主要是指这类学校。此类社区学校多属于街道一级，具有一定的实体机构，是面向社区全体居民的，而普通中小学、高校等学校只是面向社区内特定的人群或社区外人群，因此，这些学校通常也被称为居民学校。居民学校是狭义的社区学校，多由街道办事处、乡镇政府或社区其他社会力量主办，它们属于社区所有。这些居民学校形式多样，既可以是专门兴建的独立学校，有时也附属于其他正规学校、图书馆、文化馆等。

非全日制社区学校为居民提供知识、文化、娱乐等服务，致力于提高社区居民的幸福指数。非全日制社区学校或居民学校最贴近居民的亲身生活，与他们的联系最紧密，所以是社区居民接受社区教育的最重要场所，是比较纯粹的社区教育机构。

（3）混合制社区学校。混合制社区学校是指同时包括全日制和非全日制两种教育形式的社区学校。主要包括两类：一是各类成人院校，二是社区学院。

首先是各类成人院校，包括成人高等和中等学校，诸如广播电视大学、成人教育学院、职工大学或业余大学、独立设置的函授学院以及一些社会力量办学机构等。这类学校大多为市县区级有关机构主办，大则面向整个城市，小则面向城区，因而基本上是专门为社区服务的。这些成人学校多是因各种原因未能成为正规院校，但又对有继续接受教育需求的人进行学历教育。在进行学历教育的同时，这些学校也利用自身的办学条件优势，面向社区开展适应社区居民需要的课程内容。所以，各类成人院校起到了很大的社区教育功能，而且随着高等教育的大众化，学历教育需求在成人院校中逐渐衰减，社区教育需求则呈现迅速上升的趋势。当前成人院校的进一步发展要适应于社区教育蓬勃发展的需要，在社区中开辟新的增长点，逐步向社区教育转型。

其次是社区学院。社区学院是经济、科技、社会发展到一定阶段，社区教育与高等教育不断发展又相互结合的产物，同时肩负社区教育与高等教育的责任。从其产生历史来看，社区学院是在20世纪初教育家克尔提出社会本位教育理念之后才出现的，在美国、加拿大、德国、日本等发达国家及中国台湾等地区发展较快，具有相当大的规模。美国社区学院是州政府资助的分布在每个州的各个角落，成为许多中小城镇的中心点，它们的课程设置与时间安排都与本地的经济需要紧密结合。社区学院不但是社区的教育中心，往往也是体育文化中心。在我国，社区学院多是在社区内一所或多所成人院校的基础上建成的，是成人院校社区化的发展结果。当前我国社区学院的功能主要集中于非学历性的社区教育，为社区居民的终身学习和生活质量的提高服务。不少社区学院还吸引下岗职工、高考落榜者学习职业课程，这是符合广大民众需要的举措，因此社区学院的职业教育功能日益增强。社区学院需要处理好全日制教育和非全日制教育、学历教育和非学历教育的关系，找准自身定位和努力方向，这对其深入发展具有极其重要的意义。

2. 社区教育的非正式场所

社区教育的非正式场所是一种比较松散自由的学习场所，包括娱乐、信息及其他一切具有教育性意义的服务设施。根据陶行知的“社会即学校，生活即教育”的教育思想，教育不仅局限于学校内，学校的围墙绝不是学习的边界，社会当中蕴含着丰富的教育性内容。从这个意义来说，社区中的文化机构、学习组织等非正式场所均可发挥社区教育的作用。

（1）社区学习型组织。

在街道一级，社区学习型组织主要包括学习型企事业单位和学习型团体两类。

首先是学习型企事业单位。这类组织的学习氛围较为浓厚，组织成员具有清晰的目标和愿景。虽然此类组织多数不归所在社区管辖，但它们却是重要的社区教育资源，社区街道部门可以尝试与这些组织联合建立社区教育机构。例如，一些大型企事业单位专门举办了职工培训中心之类的学习机构，社区可以与它们合作办学，企事业单位向社区开放教育场地和设备，向社区居民开放培训课程。

其次是学习型团体。它们是以团体为单位的学习型组织，包括正式和非正式两种，正式的学习型团体多是一些协会组织，例如书画协会、舞蹈协会、健身协会；后者多是一些志趣相投的人组成的自由学习组织，诸如读书会、学习小组等。进一步说，社区中的学习团体和学习组织越多，就越能形成良好的学习风气，最终促使学习型社区的建成。

（2）社区文化机构。

社区文化机构主要有图书馆、文化馆、体育馆等。图书馆是社区居民学习的重要场所，也是资料和信息中心。图书馆除了可以向社区居民提供学习资源和学习场所外，也可以通过举办社区读书会等开展文化交流活动。文化馆可以建成社区文化活动中心，通过参与文化活动进行非正式学习，还可根据馆藏特色举办一定的教学活动。体育馆是人们健身的场所，同时也可以发展成为学习生理健康知识的地方。经济发达社区还可建立社区网络中心之类的机构，为社区居民的学习和交流提供网络平台。

（3）社区隐性课堂。

除了显性的社区教育活动，社区的自然环境、文化环境等无形氛围可以起到潜移默化的教育效果，从而成为社区隐性课堂。要做到这一点，第一要优化社区环境。例如，营造良好的社区绿色环境，并在花草树木等植被上标注名称，以增进社区居民对植被知识的了解；开辟画廊，使人们受到高雅艺术的陶冶；开发社区教育资源，比如社区内的文娱场所、文化馆、文化古迹、动植物园、科技园等。第二要举办各类社区活动。举办诸如各种节庆活动、文艺娱乐活动、青少年科技活动等，通过将社会知识或自然科学知识等隐性课程融入活动内容，起到隐性教育的作用。

（四）社区教育的资源

社区教育的发展过程也是整合利用社区教育资源的过程，因此社区教育资源是社区教育发展的基础。要推动社区教育走深层次内涵式发展道路，就首先需要明确社区教育资源的内涵。

1. 社区教育资源的理解

要界定社区教育资源，应当首先了解与社区教育资源密切相关的“社区资源”的概念。

顾名思义，社区资源是指一社区内可以满足社区居民需要的所有资源。参照这个定义，社区教育资源实际上也是指在社区范围内可以调动的满足社区教育需要、保障社区教育运行的一切资源。社区中有着十分丰富的教育资源，尤其是较为发达的社区，中小学、普通高校、职业学校均是社区可以利用的教育资源，一些企事业单位组织的学习型团体、兴趣爱好者组织的协会，还有文化馆、图书馆、少年宫等文化机构均能承担社区教育的功能。当然，值得注意的是，并不是社区内所有的教育资源都是社区教育资源，要成为社区教育资源就必须具有可获取性和可利用性的特征。例如一些普通高校虽然位于社区当中，但是并不向社区开放，社区居民无法获取高校内的教育资源，这样也就不能称其为社区教育资源。所以，社区教育资源一定是在社区范围内可以调动、支配及利用的那些教育资源。

因此，总结来说，社区教育资源是指在社区范围内的总资源中，可以调动与支配的，能够满足社区教育需要和保障社区教育活动顺利进行的，可持续发展的一切物质资源和非物质资源的总和。

2. 社区教育资源的类型

由前述可知，社区教育资源既包括有形的物质资源也包括无形的非物质资源。一般来说，前者主要体现为人力资源、物力资源和财力资源，后者主要体现为文化资源、环境资源等。

（1）人力资源。社区内聚集了非常多的社会贤达人士，他们中很多人都在某些知识、技术方面拥有特长，是潜在的亟待发掘的可以服务于社区教育的人才资源。当前社区教育工作要加大宣传力度，政府也要出台一些鼓励措施，大力挖掘这些社区身边的人才“宝藏”。社区教育的人才资源主要包括，社区公务人员、企事业单位人士、专家学者、离退休干部、学生家长、社区志愿者、有各类专业特长的居民等。一是社区公务人员，如街道办事处的领导和办事人员，他们可以成为社区教育的管理者，为社区教育发展制定规划，组织活动，协调各方面的关系。二是企事业单位人士。企事业单位有较为雄厚的经济资本，社区教育可以与企业加强合作，争取企业管理者的支持，在经济上提供资金，在人力上提供符合条件的教师。三是专家学者。较为发达的社区内不乏一些学识渊博的专家学者，他们无疑是最适宜担任社区教师的人选。四是离退休干部。从工作岗位离退休的老同志，主要的活动范围在社区。他们既有丰富的阅历、较强的活动组织能力和感召力，又有参与社区教育活动的极大热情、时间与精力。五是学生家长。学生家长也是学校所在社区的居民，他们在不同的单位工作，有各自的教育资源，加之关注学生的教育，他们非常愿意为社区教育活动的开展助一臂之力。六是社区志愿者。社区的志愿者主要包括高校大学生、医院志愿者及其他社会热心人士，他们利用自己的一技之长为社区做出贡献。

（2）物力资源。物力资源主要指开展社区教育所需要的各种基础设施、学校场所、教学设备、图书、器材等。基础设施如图书馆、博物馆、纪念馆、文化馆、体育场等，学校场所如中小学校、高等院校、职业学校、民工学校、社区学校等，其他物质材料如教学仪器、实验设备、图书资料、文体器材等。社区教育的物力资源是在社区总资源中调配给社区教育，保障社区教育运行的各种物质形态财富。

（3）财力资源。财力资源究其本质来说，是一切可交换的物质资源和人的劳务付出的货币形态。社区教育活动的主要财力资源一般是政府拨给的教育经费、学生缴纳的学费、社区各界人士的捐助费。开展社区教育需要投入，需要有一定的财力支撑，没有教育经费的支持，社区教育活动几乎无法开展。政府应认识到社区教育对于提升公民素质、改善公民生活的重要意义，为社区教育的发展提供必要的财力。同时，社区教育本身也应积极争取社会各界力量的经济支持。

（4）文化资源。文化资源渗透在社区居民生活的方方面面，对社区成员起到潜移默化的教育作用。社区文化是区别于其他社区的独特的行为系统、明显的居住形式、特殊的语言、一定的经济体系、一种特定的社会组织，以及某一种价值观念等。社区文化对社区成员的思想、行为、生活起着隐性的制约作用。社区文化既有其精神形态也有物质形态。精神形态的社区文化主要包括社区居民的信仰、价值观、风俗习惯，这些精神文化塑造了社区居民的精神面貌，约束着他们的行为举止、生活方式等。社区教育要引导和形塑积极向上的社区精神文化，抵制不良的社区文化糟粕，发挥积极的导向作用。物质形态的社区文化是精神文化的载体，例如社区内的公园、图书馆、文化宫、电影院、健身房、体育场等均是展现社区文化的物质设施，反映了社区文化生活的质量和水平。

（5）环境资源。社区的环境资源包括社区内的自然环境资源和文化环境资源。其中，自然环境资源如花草树木、江河湖海、山川田野、地况地貌、季节气候等是可供社区教育选择和利用的。文化环境资源还包括社区文化机构和设施设备等方面的资源，如公共教育、宣传、文化、娱乐、休闲等场所和设施设备，又如社区文化中心、青少年活动中心、博物馆、图书馆、公园、文化站、信息中心等周边环境和内部的设施设备等。此外，社区内的政府、企业、学校、商场等场所的文化面貌，均能对社区居民起到一定的社区教育作用。

3. 社区教育资源整合及有效路径

如前所述，社区教育的有效开展需要大量的人力、物力、财力等资源的投入。从目前来看，一方面，我国社区教育的发展面临着资源投入不足的窘境，各级社区组织，例如街道办事处、社区委员会能够掌握的人、财、物资源极为有限，在缺乏有力的政府支持的情况下，导致社区教育资源投入水平远远不能满足社区教育发展的需要；另一方面，社区内的中小学、普通高校、职业学校、企业公司、协会组织蕴藏着丰富的社区教育资源，但在现时情况下，这些教育资源却未能被很好地加以整合与利用。因此，社区教育发展的关键问题不是资源匮乏，而是需要对现有资源进行优化配置与整合。

（1）社区教育资源整合的内涵。

整合的内涵通常是指为整理、组合，即是指通过某种方式把散乱、零散的东西聚合起来加以充分利用。社区教育资源整合是指社区教育办学者为开展社区教育活动将社区内外可用于社区教育的各种资源加以聚合、开发和利用的过程。就社区教育资源整合活动而言，主要包括两类活动主体：一是“社区教育主体”，主要指社区教育管理机构、办学机构及其工作人员，例如各级政府机构中负责社区教育管理的部门，基层单位中的街道办事处、社区居委会，社区教育办学实体如社区学院、社区大学等。社区教育主体是社区教育资源整合活动的需求方和发起方。二是“社会资源主体”，是指社区内拥有社区教育发展所需资源的社会单位，例如普通中小学、职业学校、高等院校、党政机关、企事业单位、文化机构等，它们是社区教育资源的拥有方。

（2）社区教育资源整合的路径。

从我国社区教育资源整合的实践来看，社区教育主体和社会资源主体之间的合作动力有着多种来源，所以，根据双方合作的动力机制，社区教育资源整合的路径大致存在三条：一是政府主导的行政整合；二是市场主导的利益整合；三是精神主导的志愿整合。

1）政府主导的行政整合。政府主导的行政整合是指在社区教育资源整合过程中，政府利用行政手段整合各类社会资源以用于社区教育活动的资源整合方式。政府的行政权力是社区教育主体和社会资源主体合作的主要推动力。总结来说，走行政整合路径的合作双方一般具有几个特点：首先，社区教育主体通常就是政府机构的社区教育管理部门，它们掌握着一定的人力、财力、物力资源，能够通过行政手段驱动其所管辖的社会资源主体（如中小学、职业学校）调配一部分资源投入社区教育当中。其次，自上而下的行政权力是双方合作的根本推动力。社区教育主体与社会资源主体一般都具有隶属关系，其资源整合方式具有强制性。再次，通常会组建以委员会和领导小组为核心的社区教育资源整合组织平台，并受到党委和政府的支持。

2）市场主导的利益整合。市场主导的利益整合是指社区教育主体和社会资源主体在自愿合作的基础上，通过市场发挥调节作用，以互利共赢为目标的社区教育资源整合方式。社区教育主体（社区教育办学者）和社会资源主体（社会资源拥有者）均是独立的利益主体，他们拥有不同的利益诉求。以行政力量迫使社会资源拥有方释放资源，在实际情况中往往会损伤他们的合作积极性，利益整合则不然，它致力于寻求社区教育主体和社会资源主体合作的最佳利益结合点，以市场动力为驱使，实现双方的利益最大化。

利益整合机制的有效进行，需建立良好的利益表达与分配机制。首先是利益表达机制，要建立社区教育主体方和社会资源拥有方均能畅通表达利益诉求的制度平台和渠道。如此一来，双方才能清楚地了解彼此的利益需求，进而有利于找到双方合作的利益结合点。例如，在北京市社区教育实践中，各个街道普遍建立起了以街道办事处或党工委牵头的社区教育委员会、社区党建联席会、社区文化教育联席会等组织，这些组织的成员往往涵盖了街道辖区重要党政机关、企事业单位、社会团体的代表。借助于这些组织平台和渠道，社区教育机构与社会资源单位可以沟通信息，表达利益诉求，达成合作项目，实现社区教育资源的整合利用。其次是利益分配机制，要清晰地划分两个主体间的责任、义务、权利，要在公平、公正、公开的基础上，通过签订协议的方式，明确双方的利益所得，达成共识，如此才有利于调动双方合作的积极性。

市场主导的利益整合路径的根本特征是双方合作动力的内生性。合作是建立在双方平等自愿合作基础之上的，它避免了因行政力量压迫而损伤合作积极性的弊病，它通过合作双方互利互惠的市场行为来驱动，有利于社区教育资源整合的可持续进行。

3）精神主导的志愿整合。精神主导的志愿整合是指两个主体的合作动力是以社会资源主体的志愿奉献精神为根本动力，例如大学生、离退休人员志愿参与社区教育服务，从而实现社区教育资源的整合。当前，社区服务志愿者已成为社区教育活动的一个重要参与力量，广大的高校大学生、社区居民不计报酬、无私服务，贡献自己的知识、技能、时间，成为不可或缺的社会资源供给方。

社区志愿者组织是社区志愿者开展社区教育服务活动的重要组织平台，它们一般基于共同的兴趣、爱好、需要而建立。主要包括三类：一是文化娱乐类，如书法协会、读书会、舞蹈队、合唱队等。二是公益服务类，如社区义工组织、免费家电维修协会、社区互助组。三是公民权益类，一般致力于维护公民的合法权益，如法律协会、妇女协会、残疾人协会等。社区志愿者组织丰富了社区居民的文化生活，增强了社区居民间的联系，促进了社区教育资源的整合。

社区教育资源志愿整合的根本特点是，资源整合的动力来自社区成员的志愿意识和奉献精神，它比利益整合更进一步，在合作动力上具有无私性。社区内聚集着各行各业的社会贤达人才，其中不乏热心公益事业的志愿者，然而，社区教育也不能只是被动等待志愿者的参与，社区教育管理机构、社区学校也应大力培育和扶持志愿者队伍，以提升志愿者服务的质量和效能。

第二节 社区教育的内容与实施评估

一、社区教育的内容确定

社区教育内容的确定是一个复杂的过程。因为社区教育资源是有限的，如何利用有限的资源去选择最有价值的内容，便成为社区教育实施过程中的一大关键问题。由于不同社区所具备的社会资源不同，社区居民需求也各有差异，所以社区教育内容在不同地区也各有侧重。

社区教育汇集各类教育资源：幼教、普教、职教、成教，区县一级还有特教、民非、远程、大专性学历教育等机构和文体设施，又汇集各年龄段居民群体。面对社区成员各类学习需求，社区教育整合社区各类教育资源，实施学校社区化、社区学校化，通过统筹规划和互动，促进学校教育内部资源对外开放，与社区居民共享共用，使原来分散的点线式教育状态变成社区各类教育一体化发展的教育格局。在此过程中，社区教育积极探索并形成各类新的社区式教育形态，如婴幼儿早期教育活动，青少年校外教育活动，社区居民社会、文化、生活教育及技能技艺培训活动，老年健康休闲娱乐教育活动等。

通过对相关文献资料的查阅可以发现，目前我国社区教育的内容具有对象差异性和功能差异性。所谓对象差异性，即社区教育的内容会根据社区内不同的群体如学生、老人、农民工、企业在职员工等进行遴选；所谓功能差异性，指的是社区会依照社区教育所要发挥的不同功能，有目的地选择一定的教育内容，如提升社区居民身心健康、协调社区居民邻里关系、帮助社区弱势群体谋生等。总的来看，我国社区教育的内容主要集中在以下六大领域。

（一）社区教育中的企业职工岗位培训

社区教育中的企业职工岗位培训主要针对社区内企业，尤其是不具备单独设立职工培训机构能力的中小微企业、民营企业等。一方面，企业存在员工培训的需求，或者社区所在地诸多企业员工共同存在针对某一技能的培训需求；另一方面，社区可以在场地、师资等方面满足企业员工培训的需求。培训涵盖岗前培训、转岗培训以及岗位提升等一系列环节，内容涵盖行业通用知识传授、行业技能培训、综合素质提升等。一般情况下，企业职工岗位培训主要采用“政府购买服务”和“企业购买服务”两种方式进行，企业既可以接受社区学校定期的公益教育服务，也可以根据企业需求和社区学校的条件定制教育服务。

（二）社区教育中的老年人兴趣爱好培训和休闲活动

在“空巢老人”现象日益增多的环境下，发展社区老年教育十分必要。社区可以针对现代老年人的特点、心理变化、生活方式做科学的引导，使其了解时事政治、大政方针、心理咨询、文化陶冶，适应社会发展，应用现代生活工具，掌控生活能力；指导老人学习法律法规，用法律武器保护维护人生权益，提升弱势群体的生存权；针对交往少，滋生孤独寂寞感和不良行为的老人，社区应及时对其进行心理疏导，给予精神慰藉，使老年人增强对生活的适应力及对生命的向往，提升自信心和自我价值感，达到预防老年心理疾病发生、减少躯体慢性病复发、增加幸福感、延年益寿的目的。

在具体实施上，针对老年人群体的社区教育可以通过设立老年大学或老年大学教学点的方式进行，也可以通过自主组织老年人群体活动的方式进行。一方面，由社区通过征集意见等方式收集社区内老人的教育需求，邀请相关专家开展诸如广场舞、垂钓、国画、象棋、太极拳、摄影等各种兴趣爱好培训班；另一方面，由社区内在某一方面具有一定特长的老年人组成兴趣小组定期举行活动，社区提供场所、专家指导等必要条件。

（三）社区教育中的中小学生节假日培训和社会实践活动

此类活动主要为社区内中小学生在节假日期间提供丰富多彩的课余活动，以引导学生合理安排和安全度过假期。由于此类活动需求量大，涉及面广，往往在很多社区都有设立，且表现形式各异。一是学生课后的补习课堂，在一些社区也被称为“三点半课堂”。这类课堂主要是安排社区内的孩子在每天下午下课后来到社区教育中心自习，并安排专门老师答疑解惑。二是节假日兴趣班，由社区根据师资力量、设施条件等因素开设兴趣班，面向社区内的中小学生开放，部分社区会根据具体情况酌情收取一定费用。开设的课程包括绘画、游泳、野外生存、足球等贴近中小学生实际生活兴趣的内容。三是组织社区内学生开展各类社会实践活动，如净化社区、探访社区内孤寡老人、亲子游戏、交通指挥等适宜中小学生参加的活动。

（四）社区教育中的婴幼儿早教活动

以婴幼儿早教活动为内容的社区教育也被称为“社区早教”。所谓“社区早教”是指以婴幼儿为对象，以家庭为基础，以社区为依托，以政府为统领，为广大婴幼儿设置的教育设施和教育活动。由于幼儿是对社区依赖性较强的群体，所以幼儿教育是社区教育的重要内容。随着我国经济体制改革的发展，单位办幼儿园的局面已经不复存在，计划经济时期各个单位不管大小都办幼儿园和托儿所的情况已经成为历史，幼儿教育归向社区是社会发展的必然趋势。从每个家庭的情况看，家长为了安心生产、工作和学习，减轻教育子女的负担，都希望就近解决孩子的教育问题，这就使社区的幼儿教育具有了社会需求。总的来看，社区婴幼儿早教活动分为两类：一类是社区内幼教机构承担的系统学前教育，另一类即以社区学校为依托开展的社会性质的早教活动。两者有机结合，共同构成了社区早教事业的主体部分，而后者则更多地体现了早教活动的社区性、公益性与开放性。

社区婴幼儿早教活动主要包括以下内容：一是针对父母的早教知识培训，由亲子教师深入社区定期开设专题讲座或咨询，传授亲子教育的知识、技巧，改善家长的教育观念和行为，让家长全面了解早期教育对孩子的重要性，科学育儿。二是针对婴幼儿开展系列亲子活动。婴儿时期的亲子互动，对孩子的智能发展起着重要作用。当孩子发出的信号能得到家长正确回应时，孩子便会对成人和世界产生信赖感与安全感，智能将得到较好的发展。社区可以每周组织一到两次亲子教育活动，鼓励孩子与家长参加，开展亲子游戏。三是由专人定期组织家访。家访是教师开展工作的重要手段，是教师与孩子、家长沟通的桥梁。家访中，教师与家长能在某些问题上达成共识，促进教育目标的实现。通过爱心家访，亲子教师运用专业的知识和技能，可以有效地帮助家庭解决亲子教育中遇到的问题，并为家长科学育儿提供有效的支持。

（五）社区教育中的农民工教育与技能培训

农民工是制造业、服务业的生力军，提高农民工素质是城市化进程的基础与保证。开展文化知识和技能职业培训，是提升农民工发展空间，使其获得较大经济回报的方式；是农民工融入城市的最佳路径；是农民工享受现代文明，过上好日子，以及构建和谐的社会环境的好方式。农民工培训可“增强成人适应科技发展、产业升级和社会文明进步的能力”，有助于“培养造就一大批优秀的技术和管理人才，提高各类专业人员的创新能力和市场竞争能力”，这也是“加强高技能人才的教育和培训，强化一线员工特别是中青年员工岗位培训”的要求。

农民工教育与技能培训的目的主要有两个：一是帮助农民工尽快适应城市生活节奏与环境，并实现个体在城市氛围中的发展；二是为有需求的农民工提供必要的职业技能培训。依据这两大目的，农民工教育与技能培训包括以下几大内容：

（1）职业技能培训。根据国家职业标准和用人单位岗位规范要求确定培训内容，突出技能训练，注重职业能力培养。培训时间根据工种（项目）、等级和农民工实际确定，使参加培训的农村劳动者真正掌握一项技能，职业能力达到用人单位上岗要求。培训内容尤其要关注区域紧缺的行业技能。

（2）职业病预防与健康维护知识。农民工是遭受职业病危害的最大群体。基于职业病呈高发态势，职业病问题必须纳入培训计划及课程。如宣传、解读《职业病防治法》，让农民工了解职业病及危害，使之掌握一些实用的职业病预防知识，熟悉相关的健康维权事宜等。

（3）安全文明教育。加强安全教育（含交通规则、交通安全），传播安保知识及规范；通过组织农民工学习、了解城市生活与文明常识，实现个体生活的城市融入。

（4）科普知识。包括农民工在内的城镇劳动人口是科普的重点人群，加大农民工科普的强度、密度，可提升人的内涵，促进农民工个体发展，有助于农民工获得荣誉和话语权，实现农民工体面、有尊严的生活。

（六）社区教育中的学历教育

部分社区学校与具备学历教育资质的机构（如广播电视大学、高等院校、中等职业学校等）合作，在社区学校开设教学点，通过面授、函授、广播、电视、音像、网络教育业余制学习等方式满足社区居民学历提升的相关需求。部分地区的社区学校还推出了成人学习的“学分银行”，把零散的学习转化为学历积分，学分还可以抵学习经费，最终的发展趋势是这些学分可以零存整取换取学历文凭。此外，有些社区学校利用自身资源开办“学历+技能”双证书班，学制两年，工学结合，半工半读，采用集中培训与远程教育辅导相结合的方式，力争使学员基本掌握一到两项内容。培训合格后，由劳动部门和教育部门统一颁发专业技术等级证书和学历证书。

需要注意的是，社区教育课程是社区教育内容的呈现形式而不是社区教育内容本身，社区教育课程的内容直接来源于社区教育内容，但并非所有的社区教育内容都能被设计成为社区教育课程。因为社区教育内容主要是从应然的层面设计的，是根据社区教育的价值目标和基本功能，按照社区居民的近期和远期的需要所确定的，具有理想性；而社区教育课程的设计则侧重于社区的直接发展目标、社区居民实际需求的迫切程度和可资利用的社区教育资源的实际状况，具有现实性。所以，只有具备现实可行性的社区教育内容方能通过社区课程的方式组织实施。

（七）社区教育中的公民素养教育

社区教育是我国实施公民素养教育的“最后一公里”，且社区教育是公民素养教育推进过程中最基层、最广泛的形式。社区教育实施机构主要通过举办各类具有教育意义的活动开展公民素养教育，如社会实践活动、邻里互助活动、经典诵读活动、各类展览等。这些活动通过信息的传达、知识的传授与情感的感染，以潜移默化的方式达到价值观的熏陶与公民素养提升的效果。此外，社区自身形成的“居民命运共同体”也有助于公民良好素养的形成。

二、社区教育课程的开发

（一）影响社区教育内容选择的因素

社区教育课程开发的首要环节是选择合适的内容作为开发素材。由于社区教育与普通教育、职业教育等教育类型在教育目标上存在较大差异，其在内容选择上也必然会表现出自身特点。从社区教育的属性和功能上看，社区教育内容选择应受以下几个因素制约：

1. 社区教育的目的

社区教育内容是社区教育任务和社区教育目的的载体，所传递的知识、技能与价值必须服务和服从于社区教育目的和社区教育任务的达成。社区教育目的既包括对社区居民身心素质所要达到的标准的规定，也包括对社区居民作为社会成员所应发挥的作用或在什么样的条件下发挥作用所做出的相应规定，具有抽象性、原则性、超前性、理想性等特点，所以社区教育目的的达成总是通过将其分解为不同层次、不同序列的社区教育目标来实现的。社区教育目的是社区教育内容选择的首要依据。具体来说，一是社区教育内容所传递的价值必须符合社区教育目的的社会性功能。社区教育是实现社区和谐发展的重要手段，社区教育内容作为实现社区功能的中介，其价值追求必须符合并反映社区教育目的这一社会性功能，符合社会的核心价值系统。二是社区教育内容的选择必须符合社区教育目的的个体性功能。社区教育的目的不仅是促进社会发展，更是促进人的发展。社区教育是全员教育，是以社区全体成员为对象的教育类型，当每个个人的基本需要和高级需要都得到了一定程度的满足，每个人的潜能都得到了发展，那么社区教育的社会性功能自然就能实现。

2. 社区教育对象的教育需求

社区教育属于学校后或学校外教育，非强制性特征决定了社区教育功能的发挥取决于社区教育所提供的教育内容是否符合社区居民的现实需要，唯有符合社区居民需求的社区教育才能激发受教育者的学习积极性，从而提升社区教育的有效性。社区作为社会管理体系中的基本单元，其成员的异质性程度较高。从年龄结构上看，包括了婴幼儿、少年儿童、青年、中年、老年各年龄段人群；从社区居民的生存状况看，有未成年的在读学生，有初入职场或初次创业的年轻人，有工作稳定、收入可观的在职人群，也有失业人士和正常退休期待晚年幸福生活的老年人；从家庭结构上看，有独子（女）家庭、二胎家庭、核心家庭，也有传统的几世同堂家庭。正是由于社区居民的异质性程度高，就直接导致教育需求呈现出多样多层次的特点。各社区必须要针对本社区居民结构，调查相应的教育需求，从若干种教育内容中选出适当的内容进行开发，以提升社区教育实施的有效性。

3. 社区教育资源的整合

社区教育从设计走向实施必须要依靠社区教育的资源。这些资源包括空间资源、时间资源、人力资源、经费资源等。师资队伍、运转资金、活动场所、社会关系等都直接制约着社区教育事业的发展水平，所以社区教育资源的开发整合情况制约着社区教育内容的选择。社区教育资源的整合既包括对社区内现有资源的充分挖掘利用，如早教机构、企事业单位、博物馆等，还包括社区对社区外部资源的整合和吸收。例如社区间教育资源的互通有无，在线教育资源的共享与扩充，社区外机构、社团、个人的资源联络与保持等。所以，必须将各种形态的、散布于其他各类社区资源中的、富有教育价值和意义的、有形的与无形的资源整合起来，形成比较系统和完善的教育资源网络，才能真正形成教育合力，充分发挥社区教育资源的本然功能，确保社区教育内容的可行性。

具体来看，社区教育资源主要包括社区人力资源、社区物质与环境资源、社区管理资源三大类。社区人力资源指的是社区内企事业单位从业人员、各行各业专家、退休职工、学生家长等；社区物质与环境资源包括文化基础设施、自然景观、活动基地、企业等；社区管理资源主要是教育行政部门、社区教育机构等。不同类型的资源将共同构成社区教育的资源库，如何用好这个庞大且复杂的资源库便是内容选择与课程开发的重要环节。

（二）社区教育的活动课程

随着社会生产、生活和科学文化的发展，教育也得到迅速发展，学校课程日益丰富和定型，并形成了不同的课程理论。目前有六种课程类型：学科课程（分科课程）、关联课程、融合课程、广域课程、问题课程以及活动课程。在上述六类课程中，影响大的主要是学科课程和活动课程。学科课程是根据教育目标、教学规律从科学中选择部分内容组成各门学科，彼此独立地安排各门学科的教学顺序、教学时间和期限。学科课程论认为各学科的逻辑体系，反映了客观事物和现象的本质，教学内容应以学科知识为中心，严格地按每门学科的逻辑体系来组织教材。分科学习，能使学生正确地认识世界。活动课程是学生自己组织的活动，学生通过活动获得经验、培养兴趣、解决问题、锻炼能力。活动课程论是以杜威为代表的美国实用主义教育家提出的。他们认为，学科课程论所主张传授的“百科知识”是成人按照自己的意志强加给儿童的，这会破坏儿童个性的发展，压抑他们的主动性。活动课程论主张打破学科界限，课程以学生兴趣和需要为中心来组织活动，以活动来代替分科教学，让学生通过活动，从“做”中获得生活必需的经验或对已有的经验进行改造。首先要明确的是，无论是学科课程，还是活动课程，抑或是其他四类课程，这些对课程的分类都是来源于基础教育领域，带有浓厚的基础教育理论色彩。但是这并不妨碍我们在社区教育的课程开发过程中利用这些理论成果。从实践过程中可以看出，社区教育一般不会将课程体系设计为学科课程体系，而是以活动课程为原型设计并实施课程。这与前面所提到的社区教育的目的有关，也与活动课程的特性有关。本章将重点关注并系统论述社区教育活动课程的内涵、特征与实施策略，为社区教育活动课程的设计提供重要的理论支持与实践指导。

1. 社区教育活动课程的内涵

要明确社区教育活动课程的内涵，首先要明确“活动课程”这一概念。活动课程也称经验课程、儿童中心课程，是与学科课程对立的课程类型。

它以儿童从事某种活动的兴趣和动机为中心组织课程。因此，活动课程也称动机论。活动课程的思想可以溯源到法国自然主义教育思想家卢梭。19世纪末20世纪初，美国的杜威和克伯屈发展了这一思想，杜威的课程为“经验课程”或“儿童中心课程”。杜威指出：“传统的学科课程以学科为中心，难以顾及儿童的兴趣和需要。”他主张“以活动为中心组织教学，使儿童直接获取经验解决问题，锻炼能力”。

活动课程具有以下几个特点：一是以学习者为中心；二是强调学习者全面发展；三是题材系由所有学习者在学习情境中合作选择组织；四是由学习者在学习情境中与他人（教师、家长、校长、视导等）共同控制；五是强调意义，具有解决问题的功能；六是强调习惯和技能的养成为较大经验的一个统整成分；七是强调理解并由学习过程的利用来改善；八是强调学习情境的变化性，学习结果也要有变化；九是教育应协助每个学生成为具有社会创意的个体。

相对于学科课程而言，活动课程具有以下优点：一是重视学生的需要与兴趣，尊重学生的主体性，有利于学生学习的主动性、积极性的发挥；二是强调教材的心理组织，有利于学生在与文化、科学知识的交互作用过程中，获得人格的不断发展；三是强调实践活动，重视学生通过亲身体验获得直接经验，有利于培养学生解决实际问题的能力；四是重视课程的综合性，主张以社会生活问题来统合各种知识，有利于学生获得对世界的完整认识。

社区教育活动课程同样具有活动课程的基本特点。但是由于社区教育的对象与普通教育有差异，二者在目的、功能与外在表征等方面也各有不同。所以对社区教育活动课程内涵的理解必须要结合其特定的属性与功能定位。诚然，社区教育活动课程依托活动，通过参与活动由学习者自主建构经验体系，体现学习者的兴趣与学习自主性，主张从做中学。但是社区教育的对象中包括相当一部分已经具有成熟经验体系的成人，这些成人对间接经验的接受能力比学生高，经验内容也比学生丰富，且不同群体、背景的成年人的经验体系也有所不同，如果全部通过活动课程实施教学，抑或是不加变革地沿用针对儿童的活动课程，并不能保证社区教育的效果，甚至会造成负面效应。所以社区教育的活动课程应该兼具获得直接经验与间接经验，师生交往也不应仅限于教育性，而更应该凸显生活性、平等性，教育过程以学习者为中心，借助项目活动实现信息沟通与经验交流，进而达到教育与享受的最终目的。

2. 社区教育活动课程的特点

（1）以活动为载体、以教育为目的。社区教育活动课程是建立在对“活动课程”这一基本课程类型深入理解基础上开设的，而并非单纯的以活动代替课程。目前较为普遍的情况是活动热热闹闹，但缺乏教育元素，体现不出课程应有的要求，导致课程质量不高，使教育界一些人士不认可这些活动课程为教育活动。如果要提升社区教育活动课程的质量，确立活动课程的地位，必须解决理论认识问题。社区教育活动课程应是以活动为载体的课程，活动不仅是人类获得经验、知识的最初源泉，也是个体获得直接经验、增加感性认识、培养动手能力和创造能力的重要途径之一。但是活动不是课程的目的，教育才是活动课程的目的，如果一个活动仅仅是对象的参与，而没有对象的融入、经验的获得、情感的生发，那么这个活动的设计就是有缺陷的。而且，活动课程与学科课程之间并非界限分明，在学习对象包括大批成人的社区教育中，对于经验的获取应该注重直接经验和间接经验的共同作用。学科课程与“活动课程”的主要区分点在“学生本位课程”中已经完全融合了，如在理论与实践的关系上、间接经验与直接经验的关系上、学习结果与探究过程的关系上、教师与学生的关系上，等等，并不是非此即彼的，这已为当代国际教育的课程实践所证明。所以活动课程中的活动只是载体，真正的社区教育活动课程应该是将教育性摆在第一位，通过预设教育目标并融入直接与间接经验、融入理论学习与实践活动，以达到应有的效果。

（2）活动课程的题材来自生活、来自学习者的需求。社区教育的活动课程应该尽可能地融入生活元素，以生活情境为取材库，通过设计与学习者联系紧密的活动以达到教育效果，其表述方式也应具有较为浓郁的乡土性。它通常是把本地的社区资源转化为活动来实现教育目标，它的内容与实施方式总是同社区居民的生活形态相吻合，体现了多数居民的生活追求，因而能得到他们的广泛认可。目前，有很多社区在开发活动课程时已经开始将社区生活作为重要的素材来源，如区域内农作物的家庭种植。此外，在授课过程中，部分教师也将授课方式进行一定程度的本土化，如面向老年人使用地方方言进行授课等。

（3）课程实施的过程是开放的、内生的。活动课程的实施方式因实施内容、对象、场所、时令、教师的特长而不同。只要能体现出教育活动的基本元素，能吸引社区居民参与和融入学习过程，能让参与者获得直接经验和实际能力，实施方式没有明确规定。在课程实施过程中，教师与学生的互动也是开放的，不需要严格遵循普通教育实施的规范性。所以社区教育的课程实施应该更偏向于目标导向，即在课程实施前预设清晰明确的目标，在课程实施过程中不加过多的设计与干预，由教师和学员共同创设课堂情境与学习进程，将“设计型课堂”转变为“内生型课堂”，只需要在课程结束前通过一定的方式进行考核，确保绝大部分学员能够达到学习目标即可。这种设计方式能更好地凸显社区教育自身的特点，也能在最大程度上发挥活动课程的优势。

3. 社区教育活动课程的实施

（1）充分利用社区内外资源。

活动课程的实施需要有师资、场所与设备等方面的支持，所以开发出内容丰富、类型多样且具有教育性的活动课程就必须要充分利用整合社区内外部各类资源，寻求社会各界的支持。一般来说，社区教育活动课程中的活动设计应首先充分依托社区内现有资源，如游泳馆、博物馆、科技馆、图书馆、剧团等，社区可针对不同人群定制不同类型的活动课程，如游泳课、社会活动体验课、科技博览课、地方剧学习等。在社区内居民有其他需求时，可考虑联系社区外部资源，拓展活动课程实施空间，或与外部机构合作共同开发活动课程资源。

在社区内资源的开发上，有三部分资源需要重点挖掘：一是要充分挖掘社区内的地域文化资源，将其开发成具有地域代表性的家乡认知课程，供辖区内的居民学习，如地方代表性的历史人物、发生过的历史事件等；二是要充分挖掘社区内的名家名人资源，邀请他们在社区内开设技艺传承课程；三是要充分挖掘本社区内具有传统影响力的社会活动，将其开发成活动课程供社区居民学习和参与，并可为活动培养后备人才。其最终效果是形成具有品牌效应的社区活动课程资源。

（2）注重问题探究、课题研究等参与性学习。

活动课程的开发既需要资源支持，也需要方法设计。一般来说，活动课程应注重问题探究、课题研究、亲身体验等参与性学习方式，并结合教师的开放式引导和师生间的充分互动，最终建构起学员在某一领域的知识图式，其核心要义是要将活动课程的教育性、生活性、平等性等要素体现出来。例如，在烹饪课中，教师可以以“为社区内孤寡老人做几道菜”这一活动鼓励学员设计菜谱，在教师的指导下完成原料采购、清洁、制作、打包等工作，最终邀请孤寡老人一起就餐。这样的活动设计既使学员学习到了相关烹饪知识和技术，也使整个活动从头至尾贯穿了维系社区居民情感等的情感态度方面的要素，师生围绕一个主题共同设计、制作，无论是教育性、生活性还是平等性都得到了充分的体现。

（3）集直接经验与间接经验于一体。

前面提到，社区教育的对象较为复杂，既包括经验体系尚未成熟的中小学生，也包括经验体系较为成熟的中老年群体。所以活动课程不能仅仅将直接经验的获得作为课程的主要目的和实施路径，而应该将直接经验与间接经验融合到课程实施的每一个环节之中，以直接经验导出间接经验，以间接经验丰富直接经验。在部分课程如技能教学中，要充分挖掘出教师，尤其是技能大师、专家等的间接经验，或者说默会知识，这些知识是这些专家在工作过程中长期形成的工作诀窍，难以在书本上获得，需要通过教师的讲解与指导，在实际操作中转化为学员的直接经验，并逐步内化成间接经验。所以，社区教育的活动课程应根据需要整合直接与间接经验，并在教学方法上予以完善。

三、社区教育的实施与评估

终身教育理念的深化及学习型社会建设的要求，促进了社区教育在我国的发展，其发展经历了政策推进、师资保障以及课程开发等各方面的探索。立足国情，我国更是着力推进社区教育的实施，促使社区教育真正契合社区居民的需求。

（一）社区教育的时间安排

20世纪60年代，终身教育倡导者法国成人教育专家保罗-郎格朗认为：数百年来，把人生分为两半，前半生用于受教育，后半生用于工作，是毫无科学根据的。教育应该是贯穿人的一生的连续不断的过程[②]。他主张建立一体化教育体系，即教育应该在每个人需要的时刻，以最好的方式提供必要的知识和技能，把教育扩展到人的一生，使整个社会变为有体系的教育场所。前文述及，社区是社会的一个基本单位，是若干群体或社会组织聚集在某一地域里，形成情感相互关联的社会大集体。社区教育以“社区”为载体，以全民为教育对象，以终身为教育过程，最终实现整个社会的学习化。为了适应学习型社会的要求，应不断加强社区教育时间安排的系统性和灵活性。而随着网络技术的发展，数字学习手段被广泛地应用于社区

---

② 谢国东．构建学习社会[M]．成都：四川教育出版社，1997：8．

教育，网络媒体技术为社区教育时间安排的灵活性提供了保障。社区教育的时间安排更加灵活，可以是长期型教育活动，也可以是短期型教育活动。

1. 时间安排的系统性

社区教育时间安排的系统性首先是由社区教育本质规律所决定。社区教育是为了提高社区全体成员素质和生活质量，实现社区发展的教育活动。从大教育范畴而言，社区教育是教育活动的一种类型，它必须符合教育的自身规律。因此，保证社区教育时间安排的系统性，能够确保社区教育朝着既定目标顺利开展。

社区教育时间安排的系统性还受到社区教育组织机构特点的影响。社区教育的主要组织机构包括学校、社区教育中心、社区教育学院等，它们在开展教育活动中必须遵循教育规律，符合组织机构的系统安排。如果社区教育时间安排缺乏系统性，那么社区教育活动进程也将是盲目的、零散的，这不仅会影响社区教育的发展进程，还会打破社区教育组织机构本身正常的运行机制。

社区教育时间安排的系统性还受到社区教育组织形式的影响。社区教育的组织形式包括集中学习、分散学习、远程学习等，集中学习若缺乏时间安排的系统性，就不能有效地进行长期规划、集中管理、集中实施教学。分散学习、远程学习等组织方式虽强调让社区居民接受社区教育的时间更加灵活，但如果不符合社区教育时间安排的系统性，不对教育时间进行总体规划，就难以保障教育的效果。比如，远程学习中运用学分制的教学管理方式，使学习者在时间管理上更加灵活。但学分考核标准上却有硬性规定，须在一定的学年内完成学习，在规定的学制内修满学分，才能够获得毕业证书。如北京外国语网络教育学院实施学分制，学制为两年，在规定的学习期限间，学生可以不受时间、地点限制，弹性选择要修读的课程、上课时间等，适合在职人员，可使学习工作两不误。但须在两年内要修满规定学分，达到考核标准，才可获得学历证书。

2. 安排的灵活性

社区教育时间安排的灵活性受诸多因素的影响。社区教育的教育对象、教育类型，现代教育技术在社区教育中的应用等都决定了社区教育时间安排具有灵活性的特点。

（1）针对不同教育对象灵活安排时间。社区教育学习者对社区教育课程拥有制定权，对学习内容有充分的选择权。社区教育对象的年龄层次复杂，几乎包括了从婴幼儿到青少年、从中青年到老年人等各个年龄阶段。社区居民人数众多，职业类型多样，有进城务工人员、教师、企业员工等。社区成员的年龄、职业不同决定了社区教育对象的层次多、覆盖面广，对学习时间有着不同的要求。例如，针对青少年的社区教育时间具体安排在七八月份，立足构筑“社会、学校、家庭”三位一体教育体系，配合青少年暑期实践活动，为青少年提供充足的认识社会、融入社会的实践机会。又如，老年人的空闲时间相对较多，使得社区教育的办学时间灵活，既可以在白天，也可以在晚上；既可以在平时，也可以在周末。

（2）根据不同教育需求灵活安排时间。社区教育在实施过程中深入贯彻“以社区学习者为中心”的思想理念，针对不同的教育需求开展多规格、多层次、多内容、多形式的教育培训活动，灵活安排教育时间，将短期培训与递进式教育相结合，将培训时间与时节变化相结合。比如，社区教育对部分希望通过学习实现上升流动的社区居民，尤其是经济收入较低、无职业或者从事高强度低收入职业的体力劳动、学历不高、无力从其他教育领域获得受教育机会的人群，提供有计划的短期培训。在进城务工人潮较高的时段，开展学技能、学文化的短期培训活动，提高他们适应城市生活的能力和生存能力。针对农村和农民实际需求，根据农产品生产时间，应对农时，开展农民实用技能培训活动。针对提高社区老年人生活质量的要求，社区教育应根据时间变化，长期开展适合老年人养生保健、休闲娱乐的培训项目，让社区老人老有所乐、老有所为。根据不同的教育需求，通过开展长期递进式教育、短期培训活动等方式，构建社区教育系统而灵活的时间网络。

（3）紧密结合现代技术灵活安排时间。社区教育时间安排灵活性也是适应现代教育技术发展的结果。通过网络多媒体技术的应用，知识来源与传播方式更加多样化，教育沟通方式也更加多元化，使得社区教育打破了空间与时间的障碍，降低了学生的人均受教育费用，为学生提供了更为丰富的学习内容，增加了参与学习的人数。现代信息技术的发展使得传统教育模式发生变化，人们不必整日待在学校接受教育，可以根据自身情况选择合适的学习时间。现代社区教育在现代教育技术发展的背景下，拥有了大量优质的教育资源，有利于实现资源共享，由贫困、阶层固化和职业歧视所造成的受教育障碍都会逐渐被打破。在社区教育学习中，所有的时间和空间限制、课表和课程的限制都将被打破，各个年龄的学习者能够利用恰当的工具和媒体，在任何地方都能灵活地、自由地投入学习。

社区教育时间安排的灵活性受到社区教育资源丰富性的影响，在现代化传媒手段的背景下，社区教育的课程安排和组织方式也在不断更新。社区各类教育软件（包括录像、有线电视教育节目、计算机辅助学习系统、电子图书等）的制作，丰富了社区教育的手段，扩展了社区教育的平台。社区网上学校不仅可以与公共网络学习平台连接，还可以与家庭计算机连接，融社区教育、学校教育、家庭教育各种形式为一体，一方面吸收更多的信息，另一方面将社区教育的各种资源联网，加强社区成员之间的联系与信息交流，发布社区教育信息。此外，信息化学习资源的整合与开发，以及具备足量学习素材的网络社区教育学习资源库的建立，是社区教育时间安排具有灵活性的基本前提。

（二）社区教育的不同组织方式

社区教育作为终身教育体系的有机组成部分，担负着推动全民学习、终身学习的重任。通过长期发展，社区教育的开展形成了不同的组织方式，发挥了社区自身资源优势，促进了学习型社区的发展。

1. 集中学习方式

集中学习主要是指以学校为主的社区教育，设置有专门的社区教育场所。国内外社区教育开展集中学习的主要做法和发展特点各不相同，但其本质都是借助学校或其他公共组织的师资、场所、设备，促进社区教育的发展。比如，美国与英国开设的社区学校、北欧开设的民众学校、日本的公民馆等。

美国的社区学院是利用学校之类的公共设施，以灵活的教育计划让所有年龄、所有阶层、所有种族团体都能够接受所需要的教育。社区学院成为社区教育的基地，为成年人提供继续学习的场所与机会。社区学院普遍低费注册入学，授课方式灵活，有全日制、半日制、夜学制，以及周末和寒暑假的假期课等。社区学院实行集中学习的社区教育组织方式，能够在教学管理上保证严谨办学。社区学院对师资队伍的准入资格把关严格，专职教师必须取得州政府颁发的教师资格证书，在入职前必须有职业教育的实践经历，且兼职教师必须是来自工商企业、高等院校和科研机构的企业管理人员、专家学者和技术人员等。集中学习使学生能够经历系统完善的学习过程，过硬的师资保证了教育质量。

北欧民众中学是世界近代史上最早的社区教育模式，是北欧各国实施社区成人教育的重要机构。1844 年，丹麦的柯隆威等人在罗亭创办了民众学校，该学校是为青年与成人传授普通文化教育的业余学校。北欧民众中学是以学校为基础、以提高人文素质为主要目标的灵活多样的教育活动。

日本于 1949 年颁布《社会教育法》，明确规定把社区教育定义为学校教育活动之外，以社会全体成员为对象的有组织的教育活动，规定“公民馆”是实施教育的基地，供市、町、村或某一特定地区的居民结合其实际生活开展教育、学术、文化方面的活动。

2. 分散学习方式

社区教育是强调以社区居民为对象，为社区所有、为社区所治、为社区所享，满足社区需求，具有社区文化特色的一种教育活动。社区教育的这种特质决定了社区教育不是统一化的、专业化的、模式化的教育，而是分散的、个性的、开放的教育。所以社区教育的分散学习是从个人出发，也是从社区个性出发。

分散学习是指办学主体多元化，任何一个机构都不可能在社区教育领域包打天下，关键是要有恰当的定位和分工，在社区教育中发挥各自的优势，形成各自的特色。分散学习主要是发挥社区内成人高校（如电大、函授学校）、职业学校、中小学校等教育机构的作用，通过建立多所社区学校，引入市场办学机制，扶持引导企业和一些非营利性组织办学，建立多元化的办学机制。另外，还可以充分利用分散在社区内的场地、设施，让社区内有意向、有能力提供社区教育的组织参与到社区教育中。如此一来，不仅能够让政府成为社区教育分散学习的选择者，通过择优遴选建立合适的社区学院，而且可以发挥各类教育资源的优势，分散社区成员的教育活动。如太原市教育局尝试推动办学主体多元化，积极倡导民办非学历教育机构进社区，拓展社区教育的阵地，广泛布点，扩充社区教育的选择面，分散社区成员的学习点。在太原市教育局和民政局共同下发的《关于依托民办培训学校成立社区教育机构的通知》政策引导下，由市教育局牵头，依托办学条件好、口碑好的社区民办培训机构，成立一大批社区学校，为社区居民提供学习活动场所，社区学校定时定点向社区居民开放进行工艺培训，实行“市民学习卡”备案制度，建立长效机制，不仅能够分散集中学习的压力，而且能够避免办学主体单一、教学内容单调的不足，提高社区教育内容的丰富度，增强社区居民对社区教育的满意度。

3. 远程学习方式

社区教育要不断满足人民日益增长的教育需求，贯彻以人为本的原则，满足人的生存需求、精神需求以及发展需求，满足多层次、多样化的教育需求，促进学习型社会的建设。远程学习首先要做好教育资源的开发与利用，我国目前在教育资源、远程技术资源上有一定的发展，建设了一大批适合自主学习的、多种媒体组合的教学资源，并拥有天地人网结合、三级平台互动的网络环境。

另外，各地区根据自身的实际需求和现实条件整合教育资源，通过丰富的教育资源、多样化的远程教育机构，为远程学习的开展提供物质基础。比如，北京电大继续教育学院针对北京外来务工人员较多，对远程学习需求广泛的情况，充分利用自身教育网络覆盖全市、学习方式灵活多样的优势，针对外来务工人员的工作和生活需求，拍摄电视片在电视台播放，告诉他们如何找工作、如何维权，遇到难题应该找谁解决、如何解决等。将网络平台与课程教育相结合，满足不同层次学习者的需求，创造灵活性的学习机制。

4. 居家学习方式

居家学习是在家中进行社区教育活动，可以是社区居民依托社区公共服务综合信息平台、社区数字化学习公共服务平台，在家中利用空闲时间开展学习活动；也可以是社区志愿者进入社区居民家中，提供社区教育活动，比如，针对行动不便的老年人，不能参与社区集中教育活动的问题，社区志愿者入驻老人家中，定期为老人读书、读报开展互动沟通的活动，改善老人生活质量。

居家学习以促进全民终身学习、形成学习型社会为目标，在社区内广泛开展学习型乡镇（街道）、学习型社区、学习型家庭等各类学习型组织创建活动。为了增强居家学习的普及度，可以通过网络学习平台，建立线上学习圈，让每位社区居民都能够利用空余时间参与社区教育；还要加强社区志愿者入家教育活动，将社区教育普及到家家户户，创设良好的学习型家庭氛围。

5. 移动学习方式

就在几年前，我们的学习仍深受时空的巨大限制。一般而言，传统的学习往往要么在学校里进行，要么在家里或是在公共图书馆里进行。可是，近年来信息通信技术（ICT）的飞速发展，使智能手机、平板电脑、笔记本电脑的功能越来越完善、价格越来越便宜、拥有的人群越来越多，加之无线移动通信网络的飞速发展和电子化学习资源的极大丰富，让我们的学习不必再受时空的限制。

简而言之，移动学习是指一种在手持移动计算设备的帮助下，能够在任何时间、任何地点发生的学习。相较于电子化学习和远程教育，移动学习更加强调学习者通过电子移动设备、移动通信网络、无线网络达到学习的目的。这种学习所使用的手持移动计算设备，必须能够有效地呈现学习内容。在移动学习中，学习者能够在一个不固定的地点——移动的环境中实现学习。也就是说，只要有移动设备在手，就可以随时随地学习，亦即泛在学习（ubiquitous learning），主要指借助无线通信技术和互联网技术，在相对不确定的学习环境下，利用各种移动设备随时随地进行的学习。

从实现方式上来看，移动学习的技术基础是移动计算技术和互联网技术，即移动互联技术。这种学习的实现工具是小型化的移动计算设备。这些设备具有三大特性：可携带性，即设备形状小、重量轻，便于随身携带；无线性，即设备无须连线；移动性，指使用者在移动中也可以很好地使用。目前支持移动学习的设备主要是指智能手机、平板电脑和混合设备（混合了移动电话的语音功能和平板电脑的数据处理功能）。

移动学习在电子化学习的基础上，通过有效结合移动手持计算技术设备，带给学习者随时随地学习的全新感受。因此我们说，新兴的移动学习是在数字化学习的基础上发展起来的，是数字化学习的扩展。它被认为是一种未来的学习模式，或者说是未来学习不可缺少的一种模式。今天，移动学习正在悄然改变我们的生活，并印证了信息时代的“学无止境”。

总而言之，面对移动学习的汹涌来袭，社区教育工作者们要尽早做好相关准备，采取切实措施顺应这股浪潮。

（三）社区教育管理

社区教育管理是伴随着社区教育活动产生的，为社区教育活动服务，良好的社区教育管理能够为社区教育事业发展创造有利的条件。

1. 社区教育管理的特征

（1）社区教育管理有赖于教育行政权或管理权的运作。从现实情况来说，社区教育水平很大程度上取决于当地政府对社区教育的重视程度，只有政府充分认识到社区教育发展的重要性，将社区教育纳入地方发展总体规划、经济建设的工作当中，才能促进社区教育的长足发展。作为社区教育的重要管理者，政府投入社区教育的人力、物力与财力水平直接影响到社区教育的发展水平。

（2）社区教育管理有赖于教育政策法规的制度保障。依法管理是现代管理的基本理念，管理行为拥有了相应的政策法规依据，才能拥有长久的保障，否则就会出现“人在政在，人去政息”的结果。

（3）社区教育管理是为满足社区成员需求提供服务。管理是人类的活动，它的主体、对象都是人，社区教育管理归根结底是以人为中心的管理，管理就是服务，社区教育管理的有效性程度是与社区成员的教育需求满足度密切相关的，也是与社区发展和社会文明进步呈正相关的。

（4）社区教育管理是对社区教育资源沟通协调的组织行为。管理的本质在于协调，社区教育管理的主要目的在于对社区内人力、物力、财力等有形资源，以及政策、制度、文化等无形资源进行有效的整合与协调。

2. 社区教育管理的新发展

社区教育管理要在很多方面进行创新，才能适应不断变化的外部形势对社区教育提出的新要求。

（1）建立多中心治理格局，规范协作秩序。多中心治理是当代治理理论最本质的形态与诉求，其实质就在于发挥多元主体的作用，促进社区治理共治局面的形成。借鉴多中心治理理念，科学定位政府、社会、市场等管理主体的平等地位及相互关系，明确各管理主体在社区教育管理中的功能，从单一行政管理向政府主导、居民自治的服务型治理转变，建立参与、合作的秩序，实现多方协同治理。在社区教育管理过程中，贯彻多中心治理的理念，规范治理、协调秩序需要明确以下几点：第一，坚持政府引导与协调的掌舵功能。在社区教育管理中，政府一直扮演着举足轻重的角色，多中心治理并不是剥夺政府的基础性地位，而是让政府将部分管理、办学的权利让渡给市场和社会：在尊重多元治理主体的基础上，政府要转变职能，从具体事务的参与者与管理者转变为引导者、协调者，把握战略方向，发挥其优势功能。第二，强调企事业单位的开发功能。企事业单位在教育资源共享、丰富群众文化生活、提供职业技术培训、民俗开发等方面具有不可忽视的影响力，能够为社区教育提供师资、资金、场地、设备、课程等多方面资源。第三，加强社区居民的参与度，提高社区自组织的积极性。社区自组织是指社区居委会、业主委员会、民间团体等组织，社区自组织是社区教育建设的主力军，社区自组织的发展能够丰富社区资源，为社区教育发展提供经费、人力、物力等资源，减轻政府的负担。

（2）健全法律法规体系，明确战略地位。法律法规是国家和政府为实现一定目标而制定的行为准则和社会规范，依法治教是社区教育发展的必然趋势与要求，法治建设对促进社区教育有序、健康、持续发展的保障作用不言而喻。随着社区教育政策的持续推进，社区教育的目标与任务更加清晰，各地社区教育的发展逐渐呈现制度化、规范化的态势。但就目前而言，社区教育法律政策仍然存在很多问题，比如，法律依据不充分，专门性的立法不完善，大多数是行政指导性文件，或是在法律、文件的内容上有所涉及；社区教育政策体系不完善，执行力不够强，社区教育政策的制定过程中利益相关者参与较少。在社区教育管理过程中，不断完善社区教育法律法规体系，国家和政府需要加强法治化建设，以法律的形式明确社区教育的地位。同时，关注和借鉴国际社区教育立法的经验，让从事社区教育管理的人员有法可依、有法必依，确保社区教育的持续发展。在社区教育政策制定上，明确社区教育的战略地位，及时把握社区教育的发展阶段，不能只解决社区教育的具体问题，还要对长远规划有所涉及。目前社区教育发展到了全面推进的阶段，亟须着眼于未来战略性长期规划，及时更新观念，着重加强顶层设计，制定可操作性的社区教育发展政策。

（3）改善社区教育管理体制，规范管理行为。社区教育管理体制的科学合理，将直接影响社区教育发展步伐的快慢。管理体制主要是指管理系统的结构和组织方式。当前社区教育管理体制存在一定问题，比如中央层面缺少专门的管理机构，社区教育管理主体单一，教育部门主管的层级、职能与现实需要不适应，交叉管理、真空管理现象严重，功能机制不健全等。在社区教育管理体制的改进过程中，要加强国家权威、政府引导的作用，加强社区教育多方参与机制、法规约束机制、发展激励机制、资金保障机制等的建设与完善。在社区教育管理体制完善和机制建设的过程中要注重过程管理方法的应用。过程管理方法的改进要求加强社区教育的系统设计，明确社区教育的目标，按照整体最优原则、精简原则，改变传统的管理模式、方法和管理结构，自上而下地进行管理架构设计，促进整体管理过程的优化，提高社区教育质量。社区教育管理体制的改进过程中，还需建立管理信息系统和反馈系统，社区教育受众面大、涉及范围广，因此必须解决社区教育过程信息的高效传输和信息处理问题，实现对已有信息的存储、提取、传输、共享。管理过程中还要建立高效的反馈系统，使社区教育处于可控范围之内，管理者能够根据社区教育的效果及时进行调整。

（4）加强有形与无形资源的开发，完善保障体系。社区教育工作者队伍建设是推动社区教育发展的人力资源基础，也是管理架构整体成效的基本保证。社区教育工作要加强三支队伍建设：专职管理队伍、专业兼职队伍、志愿者队伍。提高社区教育管理及服务工作者的素质，促进社区教育工作职业化，才能不断提高社区教育管理的效率，保证社区教育管理的长效性、连续性及稳定性。在加强社区教育工作者队伍建设的过程中，一是要在市、区（县）教育局设置专门社会（社区）教育行政管理部门，配备专职管理干部；二是区（县）教育局为街道社区教育中心配备专职社区教育管理干部和专职教师，加强社区教育专业队伍的发展，将社区教育教师职业进行固化；三是将社区教育骨干教师培训纳入全市（县）师资培训计划，重视职后培训工作，促进社区教育教师队伍的职业化、专业化发展；四是以街镇社区教育中心为基础，广泛吸纳退离休教育工作者、学者、技师专家等各类专业人员，组成社区教育兼职教师和志愿者队伍。

社区教育的健康发展需要持续的经费支持。社区教育作为一种公共产品，政府有责任对其提供财政支持，以维持其生存和可持续发展。但就目前而言，政府对社区教育经费的投入占国家教育总经费的比例不足5%，不能完全满足社区教育发展的资金需求。所以，全国各级政府要加强对社区教育的重视，建立专款专项扶持账户，满足全体民众对社区教育的需求。同时广泛吸纳社会力量，开展全社会的筹资工作，争取让更多的社会力量、个人力量投入社区教育中。除经费外，社区教育管理的有形资源还包括各种设备资源、场地资源、课程资源等，要积极开发、充分利用社区内的各种有形资源，满足社区居民的学习需求。此外，要加强社区教育宣传，形成学习氛围，引导人们学会利用身边的资源满足自己的学习需求。

3. 我国社区教育的运行机制解读

机制可定义为事物或现象各部分之间的一种关系及其运行方式。社区教育的运行机制是社区教育发展的根本，只有符合社区教育本身特点和发展水平的运行机制，才能促进社区教育不断完善。社区教育运行机制指社区教育这一系统的构造和运行原理，主要包含两方面的内容：第一，以社区教育理论研究和运行模式为依据的质量保障理论体系；第二，与社区教育相配套的整体管理体制。社区教育运行机制是一个动态的系统，是保证社区教育工作目标有效运行的基本程序与手段，具有维持、推动、反馈、调控、保障以及促进工作系统发展等方面的功能。

（1）社区教育运行机制的内涵。

社区教育运行机制的理论研究备受重视，日益增多的研究成果为社区教育发展提供了一定的理论参考，与之相关的学术论文涌现，拓宽了社区教育工作者的研究视角。

社区教育的运行机制顺利运转需要各方面机制互相配合，理论机制为前提，制度机制是保障，领导机制是引领，评估考核机制是监督，经费落实投入机制是基础，激励机制是动力。加强理论机制建设，保证社区教育发展的方向；强化制度机制，为社区教育发展提供政策保障；强化领导机制，确立党委主导、政府主管、学院主抓、部门共管、社会参与的管理机制，依托高校、科研院所和党校等成立社区学院，设立社区教育办公室，安排专业人员负责社区教育的管理运行；建立考核评估机制，把社区教育纳入党委、政府对主管单位的绩效考核内容当中；落实经费投入机制，将社区教育专项经费纳入政府财政预算当中，社区街道按照一定的政策要求、发展标准设立社区教育的专项使用经费。

经过长期的社区教育实验，全国各地在实践中形成了多种类型的社区教育运行机制。有以政府统筹领导、教育部门主管、有关部门配合、社会积极支持、社区自主活动、群众广泛参与的社区教育运行机制，强调政府整体领导、社会各界参与，有利于学习型社区的发展。也有以地区社区学院为龙头、以街道的社区教育中心和各类社区学校为主体、以居委会市民学校为基础的社区教育运行机制，强调社区教育载体在社区教育中的重要作用，有利于开展内容丰富、形式多样的社区教育活动。还有以中小学为主体开展社区教育的活动型模式、以街道办事处为中心的行政型模式、以社区学院为载体的综合型模式和以社区居委会为主体的自治型模式等。

本书倾向于从政府管理机制、社会参与机制、学校与社区互动机制和社区教育专门机构自主办学机制相结合的横向运行机制，以及目标制订、执行、反馈调节的纵向运行机制出发，纵横结合探索社区教育运行机制。

（2）社区教育运行机制的建构。

选择和建构社区教育运行机制模式必须找准适合本国国情的生长点，同时也要借鉴发达国家社区教育的先进经验。比如，就国家政府在社区教育运行机制中的角色而言，北欧强调国家的宏观调控，从立法和经费投入上把握社区教育的发展；日本、韩国等东亚国家强调政府对社区教育集中而连续的指导和规划。我国社区教育运行机制的建构，应以社区教育运行机制的理论探索为基础，以当前社区教育开展的现状为前提，从目标机制、执行机制、反馈调控机制、保障机制四个层面出发。

1）目标机制。社区教育的目标机制包括两个层次：提高社区成员素质、促进社会公平。社区教育作为教育的一种形态，应最大限度地满足不同层次社区成员的学习需求，适应社区成员终身教育的需要。社区教育通过各种教育和培训服务，提高社区成员的思想文化素质、职业技术能力，从而提高社区成员物质生活质量，优化社区人文环境，改善社区成员精神生活。所以，目标机制的内在要求是促进社区成员个人物质生活的提高和精神生活的改善，外在要求是通过提高成员个人素质，带动社区整体精神文明建设，促进社会公平，实现社会服务功能。

2）执行机制。执行机制是在社区教育目标的引导下，各组织主体相互配合，共同参与社区教育的管理、办学、评估等一系列工作，推动社区教育健康发展。社区教育的执行机制包括四个子机制：政府管理机制、社会参与机制、学校与社区互动机制、社区教育实体自主办学机制。四个子机制的执行主体不同，但都在社区教育运行过程中某个执行环节充当特定的角色，从而支撑起社区教育的运行体系。

政府管理机制。经济发展对完善的社区教育有了更大的需求，而从经济基础角度来看，我国仍属于发展中国家，社会力量无法承担起需要庞大经费支持的社区教育，政府成为社区教育经费的主要来源以及社区教育发展的支配力量。所以，只有以政府为主导，统筹开展社区教育，才能保证其顺利进行。而从我国长期发展的组织文化来看，社区教育作为公益性的社会教育事务，只有政府统筹规划和组织管理，才能保障其权威性、发展性，社区教育的管理机构才能更好地同学校、民政、文化、人事、劳动、财务、工商等部门进行沟通与协调，使各个部门相互配合，形成合力，为社区教育的发展最大限度地整合各种优势资源，为实现社区教育“全员、全程、全面”的目标而努力。

社会参与机制。从社区教育的发展来看，社区教育是社会性的教育活动，需要社会各部门、各群体的广泛参与，社区教育的运行过程不是政府完全控制，而是社会民众参与和政府统筹组织的结合。建立委员会制度，将社会各界的声音吸纳进来，让社会不同部门、不同群体参与社区教育的管理与决策，在民众性与行政性之间寻找平衡点，发挥集体的智慧和力量，有效防止组织内部决策的独断专行，提高决策的民主性。

学校与社区互动机制。加强学校与社区之间的沟通，让学校参与并致力于解决社区问题。学校作为社区内的教育机构有丰富的办学经验、有专业的师资队伍、有充足的场地和设备，能够为社区教育提供各类教育资源，成为社区教育开展的重要力量。同样地，社区文化、社区教育资源也能够补充学校教育资源，为学习者的研究性学习、实践性学习提供文化和物质支撑，实现资源的互补与整合。

社区教育实体自主办学机制。社区教育中心是社区教育专门机构，在对社区成员施加有计划、有组织教育影响中发挥主体性作用。社区教育学院是社区教育实体，也是实施终身教育的有效载体。社区教育学院集普通教育、职业教育、成人教育于一体，实施学历教育与非学历教育，整合文化、卫生、休闲娱乐等活动，满足社区成员全员、全程、全面的教育需求。

3）反馈调控机制。反馈调控是确保目标实现与组织平衡有序运行的基本手段。由于社区的发展、社区教育的不断变化，社区教育的目标和课程内容都需要作适时的调整，其学习方式、教育手段都需要不断改进。由于社区教育执行机制主体的多样化，其反馈调控机制也会有所不同，因此将反馈调控机制分为国家调控机制、市场调节机制和自我约束机制。

国家调控机制是国家根据社会发展需要、经济发展情况、市场反馈信息等，以立法、指令、计划、政策导向对社区教育进行宏观调控的一种机制，主要包括对社区教育方针的贯彻程度、社区教育功能的发挥程度进行评估；对社区教育专门机构的设置、达标情况、总体质量进行评估；对社区学校（院）、社区学习（教育）中心、市民学校等社区教育办学实体的合理布局、发展规划、层次结构、课程结构等进行评估。市场调节机制是随着市场经济的发展而不断加强的，主要是通过人才需求调查，对社区教育的课程内容进行调整，对社区教育所培养人才的质量进行评估，对所培养人才的市场适用性进行监控，对社区教育经费的多渠道投入进行监督。除了国家和市场的调控外，社区内部也要有约束机制，建立合理的自我约束机制，按照社区教育的自身规律，合理判断国家政策、市场变化对社区教育的影响，自觉调节社区教育行为，主动适应社会经济发展需要，才能更好地实现社区教育总体目标。

4）保障机制。社区教育从目标制定、执行到反馈调控，都要有政策法规、经费投入等方面的保障，以确保社区教育的正常运行。政策法规保障机制是指国家立法、政策、法规的完善与支持，从根本上推动社区教育逐步规范化、制度化，促进社区教育向纵深发展。在国家整体层面立法和地方政府立法的共同推动下，既满足全国社区教育整体平衡发展，又适应地方发展的差异性。

持续的经费投入是社区教育发展的重要保障，要建立多渠道筹资机制，拓宽社区教育经费投入渠道。各地要建立健全政府投入、社会捐赠、学习者合理分担等多种筹资渠道，加大对社区教育的支持力度。除了加强政府投入外，还要鼓励社会资本通过多种形式支持社区教育发展，比如，通过兴办实体、资助项目、赞助活动、提供设施、设立社区教育基金等方式，鼓励自然人、法人或其他组织捐助社区教育或举办社区教育机构。

总而言之，社区教育从目标、执行、反馈调节、保障建构起社区教育运行机制的体系。要保证总体运行机制的平衡、系统化发展，需要各子机制之间的相互协调、相互配合，其具体操作依赖政府、社会、学校和社区教育专门机构四个主体要素。

（四）对社区教育的成果认证——学分银行制度

伴随终身教育及学习型社会理念的强化，我国社区教育目标不断明确，教育主体范围不断扩大，教育课程和教育内容不断丰富，对社会资源整合的力度不断增强。同时，为了继续提升社区居民的社会参与度，形成“人人皆学、时时能学、处处可学”的终身学习氛围，我国逐步推进社区教育成果认证体系建设。

在借鉴别国经验并结合本土实际的基础上，我国依托学分银行制度对社区教育中学习者的学习成果进行认证。在各方力量的推动下，学分银行制度在实践探索等方面都有了不同程度的进展。

我国的学分银行制度自建立以来，在实践中不断探索，在探索中不断前进。发展社区教育以及构建学习型社会要求对学习者的学习成果进行认证，加快学分银行制度的改进与完善。

1. 学分

学分是完整地完成某课程所获得的分值单位，用于表明学习者获得某种证书、文凭或者某种学习层级所需要的学习量。对于学分所代表的学习量，不同的教育机构根据不同的需要设置不同的规定。如我国高校，大部分课程要求完成 18 学时（每学时 45 分钟）并通过该课程学业考试即获得 1 学分。

在社区教育中，教育内容的复杂性会导致学分来源的复杂性。所以，学分银行中的学分作为衡量学习量的重要媒介，根据储存和兑换的要求有实际学分、标准学分和有效学分之分。

实际学分、标准学分和有效学分是“学分银行”的三个重要概念。所谓实际学分，也称为一般学分，是学习者在不同学习时间、不同学习场合，通过不同学习途径所获得的学分。它可能是学历教育机构的课程学分、农民工培训的学分、社区居民培训的学分、退伍军人培训的学分或者是技能资格证书培训的学分，不同类型的学分由于知识点、技能含量、学时数量不一样，难以比较，要通过标准学分进行比较。所谓标准学分，也称系统学分，是指在学分银行的系统内，将实际学分按照一定的规则换算成统一学分计量，便于统一标准，进行学分的互认、兑换。所谓有效学分，是指通过学分积累后，可进行相应兑换的课程学分。而有效学分的兑换标准一般由兑换部门设定，如兑换学历证书，则有效学分由证书兑换部门规定。在“学分银行”中可以通过一般学分储存，也可以换算成标准学分储存。某类证书所要求的、必不可少的标准学分就是有效学分，比如，当被要求兑换商务专业的学历证书时，必须具有商务专业学历证书所要求的与商务类专业相关的学分（有效学分），仅仅拥有一定量的标准学分是远远不够的。

2. 学分银行的含义

学分银行是学习者通过修习课程或是通过学分认证考试等多种形式获得学分，将其存入个人在学分管理系统注册的账户中，累积达到一定数量，最终获取各类学习认证的一种学分管理系统。首先，学分银行是一种学分管理系统，它模拟或借鉴了银行的功能和运行方式。其次，学习者的学分可以通过多种形式的学习获得，可以是正规学历教育，也可以是非正规职业技能学习，还可以是文化休闲兴趣类学习。不同的学习成果都可以以不同的标准转换成相同学分，在学分银行中存储、累积。最后，学分银行能够实现对不同学习成果的认证，从而推进终身教育，建构学习型社会。

3. 学分银行的功能

结合终身教育理念，学分银行模拟银行运行模式，对学习者的学分进行认证、存储、累积。学分银行具有五大功能：终身教育登记，学习成果认证，学分存储累积，学分兑换、折旧、借贷，个人学习档案查询。

（1）终身教育登记是学分银行的首要功能。学分银行面向全体社会公民，有需要的公民可以办理终身学习卡或建立终身学习账户，将自己的学习内容、时间等学习经历存入账户，跟随终生。

（2）学习成果认证是学分银行的核心功能之一。学分银行为有需要的学习者在不同的时间、不同的学习机构，以不同的学习形式获得的学习成果进行认证，通过认证的学习成果可以转换成标准学分。

（3）学分存储累积是学分银行的核心功能之一。转换后的标准学分可以存储在学分银行中，且不断存入的学分都可以累积。

（4）学分兑换、折旧、借贷。学习者存储在学分银行的标准学分，累积到一定数目以后，可以由学习者提出申请，由学分认证系统检测通过，兑换成相应的学历证书、职业资格证书、学习证明或实物、服务等。另外，为了鼓励居民不断学习，学分存入超过一定期限而未兑换的部分可采用折旧的办法，急需而未来得及获得的学分也可以采用借贷的办法。

（5）个人学习档案查询。学习者一旦建立了终身学习账户，学分银行将为学习者建立完整的电子学习档案，学习者可随时查询、打印自己的学习情况，经授权的社会组织也可以查询学习者的学习情况。

4. 学分银行的具体运作

学分银行运作过程包括学分的获取、认证、转换等环节。

（1）学分的获取。社区教育的对象是全体社区居民，因此任何学习者在任何时间、地点，以任何方式进行的学习都可以获取学分。学分的来源包括学历教育如开放大学所学课程并完成考试，非学历教育如获得职业资格证书，以及非正式学习如兴趣班的学习时间累积等。

（2）学分认证。学习者的学分认证可分为正规教育学分认证、非正规教育学分认证、非正式学习学分认证。①正规教育主要指国家正规学历教育，如开放大学、广播电视大学等，此类学分认证以所获得的学历证书进行学分认证。②非正规教育指各类职业资格证书、专业技能资格证书、教育培训等，此类学分认证以所获得的资格证书进行学分认证。③非正式学习主要指无一定形式的学习行为，如参加的各类活动、兴趣班学习等，此类学分认证方式可分为学习类（以时间的累积、考勤、课程考试进行认证）和活动类（以时间累积、活动表现进行认证）。

学习者在本地学习中心的学习成果可以认证为相应学分，在外地有资质的学习机构获得的学习成果由权威部门出具学习证明后，也可以进行学分认证。学习者在未经认证或注册的机构学习，凭借主办方出具的有效学习证明并经学分银行管理审查机构认可，也可以进行学分认证。进行学分认证时，学习者一般应该提供如下有效学习证明：学历文凭证书、职业技能资格等级证书、课程学习证明或课程考试合格证明、文娱体育等专题培训合格证书或学习证明以及其他学习证明。

（3）学分转换。学分银行中的学分转换是指将学习者获得的实际学分按照一定的系数和比例转换成标准学分，以便于学习者学分的累积和兑换。有些地区，社区教育的学分进行转换时，称为学分转积分，实则为实际学分转换为标准学分，虽然叫法不同，但是内容相似。以浙江省慈溪市为例，该市以原始学分即实际学分为基础，参考难度系数、时长系数、加权系数兑换为标准学分。浙江省慈溪市为了便于各类培训学习有统一的学分核定标准，在标准学分设定时采用以原始学分为基础，以学习时长为参考，以难度系数为调节，以加权系数为补充的学习积分获取模式。

（五）社区教育的效果评估

评估是对评估对象做出的一种价值判断，社区教育的效果评估是以社区教育效果为特定对象做出的一种价值判断，社区教育的效果即社区教育的实施和发展所产生的成果和效益，可体现为社区居民、社区及社区教育自身所产生的变化。

1. 社区教育效果评估的对象分析

社区教育评估，即社区教育评价，指的是按照一定的价值标准，运用科学的方法，对社区教育受教育者的发展变化及构成其变化的诸因素所进行的价值判断的过程。社区教育评估概念的界定规定了评估的对象既可以是社区教育的成效，也可以是社区教育的各个要素，而社区教育的效果评估对象更加具体，范围更加窄化，包括社区教育在发展过程中所达成的效果及社区教育目标在一定阶段内完成的程度。

社区教育效果评估是一种结果评价，强调对社区教育在各种因素共同作用下所反映出的成效进行评估。社区教育的效果评估以社区教育活动开展后的成果和效益为主要评估对象，它评估的着眼点是“结果”，具有总结性、鉴定性。社区教育的效果评估往往以目标来衡量，即判断社区教育活动的预期目标所达到的实际程度，因此在对社区教育的效果做出具体评估时应该将评估依据作为重点进行考虑。

2. 社区教育效果评估的一般方法

社区教育效果评估要在明确评估主体与评估客体的基础上，参考评估指标，采用合适的评估方法进行。评估方法的选择既要充分考虑评估主体与评估客体的特点与关系，又要综合各方面要素衡量采用定性评价法还是定量评价法。因此社区教育效果评估方法的选择要妥善处理好评估主体与客体的关系、定性与定量的关系，提高评估的科学性和有效性。

第一，评估主体与评估客体的关系。所谓社区教育效果评估的主体是评估过程的组织者或者实施者，它可以是个体或群体，也可以是相关组织。社区教育效果评估的客体是指被评估的活动对象，是社区教育的发展成果，在评估过程中以可识别、可判断的客观现象表现出来。评估主体与评估客体的关系是社区教育效果评估的一对基本关系，明确评估主体与客体，正确把握两者的关系状态，有助于制订出切实可行的评估方案，提高评估结果的信度和效度。

第二，定性分析与定量分析的关系。定性分析和定量分析是教育评价的两种基本分析方法，也是社区教育效果评估制定指标体系、开展效果评估的基本方法。社区教育对象具有复杂性，社区教育内容具有多样性，社区教育课程具有广泛性，因此，对社区教育效果评估的描述，应是定性的模糊描述还是定量的精确分析要视情况而定，不能一概而论。对于一些难以量化的评估内容，如果过分追求量化容易造成评估结果的片面化，背离客观事实。定性分析与定量分析都是评估的手段而非目的，且评估的科学性并不在于评估手段的选择，而在于是否正确反映了评价对象的客观性。因此，在具体评估过程中，应注意定性分析与定量分析的有机结合，避免一味地使用定量分析法。

3. 社区教育效果评估的鲜明特色

社区教育的效果评估作为社区教育评价中的一个重要组成部分，除了具有教育评价的一般特点之外，还有自身的鲜明特色。

（1）评估目的的导向性。社区教育效果评估的直接导向性是由社区教育的性质和目标决定的。社区教育活动与社区紧密相关，为社区及社区居民服务，致力于终身教育理念的形成和学习型社会的建构，以中国特色社会主义建设为最终目标。评估社区教育效果可以检验社区教育发展目标是否达成、发展方向是否正确，评估目的对社区教育的发展具有直接导向性。

（2）评估主体的多元化。社区教育是社区治理系统与教育系统的结合，是不同类型与不同层次教育资源的整合。社区教育直接服务社区，且教育范围涉及全体社区居民，因此社区教育的效果评估要求实现评估主体的多元化。评估主体的多元化既包括评估组织机构的多元化，也包括评估组织机构人员来源的多元化。社区教育的效果评估要求评估组织机构除了教育评价机构外，还可以增加社区、企业团体等。评估组织机构的人员组成也不仅仅局限于教育专家学者，还可以包括社会发展类专家、企业内部知名人士、文娱体育类知名人士以及社区居民。评估主体的多元化可以更好地适应社区教育的特点，加强“官”“民”结合，促使与社区发展息息相关的社区居民参与到评估中，既可以充分调动居民参与的积极性，又可以了解社区成员对社区教育的需求，掌握更全面的信息，从而更好地为社区教育发展服务，提高社区教育的质量和效益。

（3）评估对象的复杂化。由于社区教育的复杂性，社区教育效果作为评估对象，也相应地具有了复杂化的特点。从社区教育的对象来看，从幼儿到老人、从青年白领到新型农民，包括不同年龄阶段、不同文化背景的学习者；从社区教育的内容来看，既有正规学历教育的学习，也有职业技能资格的培训，还有文化休闲类课程学习，教育内容复杂多样；从社区教育的时间安排来看，既有集中授课，也有零散授课，学习时间不固定；从教育的实施单位看，既有正规的学历教育单位如开放大学等，也有各级各类职业培训机构，还有一些休闲兴趣班，施教单位不一致。社区教育的复杂性决定了社区教育的成果表现形式是复杂多样的，造成了评估对象的复杂化，对社区教育效果进行评估要综合考虑各方面因素。

（4）评估方法的定性化。为了保证评价结果的准确性，教育评价要综合运用定性分析法与定量分析法，这两种评估方法相互依存、互为补充，忽视任何一种评估方法的使用都有可能导致评价结果的片面化。然而，相对于其他教育评价而言，社区教育效果评估将更多地运用定性分析方法。社区教育的复杂性会导致评估过程中诸多评估要素不可控制、难以测量，如果大量采用定量分析法，可能大大增加评估的工作量，且可操作性不强。而定性分析法能够采用描述的方式对一些难以测量的因素进行分析，增强可行性。基于此，社区教育的效果评估工作应以社区教育效果的实际为前提，以定性分析法为主，定量分析法为辅，综合运用，科学评估。

4. 社区教育效果评估的基本原则

社区教育效果评估的原则是开展社区教育效果评估工作必须遵循的准则，集中体现了评估工作的指导思想和基本要求。社区教育的效果评估在开展过程中涉及许多具体的程序和步骤，如评估目的的确定、评估对象的选择、评估指标的制定等，这些具体工作的开展必须在一定原则的指导下，才能保证评估工作合理进行，评估功能有效发挥。

（1）导向性原则。导向性原则是指在社区教育效果评估过程中必须坚持正确的方向，以社区教育发展服务于社区、服务于社会主义现代化建设为根本导向。社区教育效果评估的导向性包含两个层面的含义。一是评估必须要从社区教育的目的出发，坚持贯彻党的各项政方针，坚持社区教育为社区的全面发展服务、为提高社区居民的素质服务、为全民的终身教育服务，并以此指导各项评估工作的实施。评估组织机构还要充分重视评估结果的导向作用，为社区教育的改革发展、社区教育质量和效益的提高提供参考。二是社区教育效果评估的正确导向，还包括走中国特色的社区教育之路。我国社区教育起步较晚，且发展之初无论在理论还是实践中都借鉴了国外的有益经验，但国外社区教育的经验运用于我国社区教育的实际时，会出现一定的偏差与矛盾。因此，我国社区教育的发展必须从我国具体国情出发，结合我国社区和社区成员的实际需求，制定适合中国社区教育实际的发展方针。总之，坚持社区教育效果评估的导向性原则，可以为我国社区教育发展遵循中国实际，为选择中国特色发展道路指明方向。

（2）客观性原则。从评价对象上来看，社区教育效果评估对象是社区教育形成的客观成果，如社区居民的参与度、社区居民素质的提高程度等都是客观存在的事实，是不以人的主观意志为转移的。从评价指标的制定上来看，社区教育效果评估指标的制定要从评价目的出发，依据社区教育发展目的、社区教育发展实际客观地制定，要能够正确反映社区教育的客观效果，不能依据个人的主观意志随意确定。从评估方法的选择来看，要结合社区教育效果评估对象的实际，对评估过程中一些难以量化的指标采用定性分析的方法，避免为了统计和分析的便利，走定量分析法的捷径。总之，社区教育的效果评估要坚持客观性原则，才能促进评估工作的顺利开展，保证评估结果的有效性。

（3）科学性原则。社区教育效果评估的科学性原则包括两个层面：一是实事求是，指社区教育效果的评估必须充分尊重社区发展和社区教育发展的实际。首先，要明确了解社区发展规律和社区教育发展规律，对社区及社区教育做到科学了解、综合把握。其次，要充分了解社区教育的发展现状，清楚社区教育发展的真实水平。再次，要正确把握社区和社区教育之间的内在联系，辩证地看待两者之间的关系。只有在正确把握社区和社区教育发展实际的基础上，才能科学地规划评估程序、分析评估资料、运用评估结果。二是科技成果的应用。社区教育效果评估的科学性还要求在评估方法的选择、评估的实施中适当地运用人类科技发展的最新成果，使评估结果更加准确。合理运用最新科技成果可以节省人力物力财力，确保评估结果的科学和公正。

（4）可行性原则。社区教育效果评估的可行性原则是指评估应该符合周围评估环境和条件，切实可行。评估指标的制定、评估方法的选择都是为了评估工作能够在现有的经济技术条件下落实和开展。首先，评估指标和评估程序应简便易行，具有可操作性，如果评估指标和评估程序十分烦琐，无疑增加了评估的难度，使评估无法落到实处。其次，评估手段和评估方法的选择应符合经济技术条件，社区教育的效果评估离不开现代技术的应用和经费的支持，如果选择经济技术条件无法支撑的方法和手段，评估工作将难以进行。再次，社区教育的效果评估要从实际出发，具有针对性。不同社区、不同学习者、不同学习内容都会产生不同的教育效果，因此，评估要增强针对性，因地制宜、因实制宜。

只有针对不同情况，选择可操作的指标体系、评估手段和方法，符合经济技术条件，才能保证社区教育效果评估的顺利进行。

5. 社区教育效果评估工作的步骤

社区教育效果的评估工作主要包括三个阶段：评估工作的准备阶段、评估工作的实施阶段、评估工作的总结阶段。

（1）评估工作的准备阶段。社区教育效果评估的前期准备主要包括以下工作：确定评估项目，即确定评估目标、评估主体和评估对象。组织评估机构和评估人员，即依据评估目标设置合理的评估机构，选择合适的评估人员。准备评估方案。评估方案的设计是准备工作的核心阶段，包括设计评估的指标体系，确定指标的权重，确定信息采集和处理技术。撰写实施方案。实施方案是评估工作的指南，一份完整的评估方案一般包括方案名称和主评单位，评价的目的和意义，评价指标体系（包括评价等级、评价标准和权重），评价方法和工具，评价的组织和领导，评价工作的日程安排和实施步骤，评价的预期后果。

（2）评估工作的实施阶段。社区教育效果评估的实施工作即依据评估方案，运用评估指标体系，对社区教育已有的成果和效益进行价值判断。该阶段包括如下工作：思想动员阶段，动员评估主体、评估对象积极参与到评估工作中去；自评阶段，是一个自我把关的过程；他评阶段，一般出外部专家担任评估主体，保证评估的科学性、客观公正性。

（3）评估工作的总结阶段。社区教育效果评估的总结阶段是评估工作的最终收尾阶段，首先，要通过对信息的处理得出综合结论；其次，对评估结论及评估过程中的问题做出分析，提高评估的准确性；再次，对评估结果做深入分析，找出问题存在的原因，提出改进意见；最后，做好对相关职能部门、评估对象及社会的反馈工作。

第三节　社区教育与社区治理的相关性

一、社区教育融入社区治理的价值体现

遵循“人与社会”哲学要义，社区教育直接面对社会发展需求，直接介入区成员现实生活，顺应社会管理创新的要求，满足社区成员终身学习的需求，必然要介入和服务社区治理。

（一）社区治理是社区教育的增能之源

社区治理是治理理论在微观社区领域的运用和深化，是对社区范围内公共事务所进行的治理。公共治理倡导多元共治，要求突破包括社区教育在内的社区公共事务的政府单一管理模式，吸纳更多的社区居民参与管理，转变传统管理结构和运行机制，提升自我运行效能。同样，社区治理根植于社区，要以人的自我增值为目标，促进人与社会的和谐，达成善治，这赋予了旨在发展社区和提高社区成员素质与生活质量为核心价值的社区教育要求。作为社区公共事务重要内容，源于管理运行机制的桎梏，社区教育亟待理论支撑，建立多元主体协同治理机制。可以看出，社区教育既是社区治理体系、社会公共事务的组成部分，同时，又以其固有特性与社区治理存在着一种必然的互动关系，这就要求社区教育要融入社区治理公共领域中，遵循社区治理是社区教育发展的增能之源，优化社区教育发展目标，促进社区成员的全面发展。

（二）社区教育是社区治理的天然载体

社区教育的本质在于社区生活与教育的有机融合，能够增进社区成员人际互动，与社区治理存在正相关。社区教育通过激发活力、协调关系、价值引领、心理疏导等功能发挥，实现社会治理目的；社区教育能在社区居民素质提升、社区参与意识、社会组织培育上发挥基础性、先导性作用，把解决社区居民的生活、工作、发展、精神需求以及各类矛盾和问题，纳入社区治理的框架之中。具体而言，一是社区教育广纳社区所有成员参与终身学习，提升自我，具有聚人的功能，构建了一个互动平台，促进人与人间的交流互信，增强社区凝聚力。二是社区教育聚焦一定的地域范围，

面向社区全体成员开展教育学习活动，具有广泛的群众基础，为社区成员提供一个参与社区公共事务的平台，能够正面促进社区居民的生存发展或提高生活质量等民生问题的解决，也是提升社区居民的治理意识和治理能力的重要渠道。三是社区教育最为本质的特点即为聚集效应，能够将社区内的社会资源聚集起来为我所用，这同社区治理充分利用社会资源这一本质要求不谋而合。正如此，社区治理通过社区教育平台充分调动和聚集各类资源，切实协商解决各类社会矛盾，缓解社会冲突，这符合创新社会治理预期目标的要求。

二、社区教育融入社区治理的要件构建思考

在推进治理能力和治理现代化背景下，一方面，我们要积极将社区教育融入社会治理中，充分发挥其功能和作用；另一方面，需要将社会治理的关键要素，与社区教育的内容、过程、形式进行有效对接。在社区教育与社区治理互动逻辑制约下，社区教育融入社区治理的要件构建值得深思与探究。

（一）社区教育理念与社区治理的核心相通

社区教育坚持人本化原则，满足人的终身学习需求、促进社区成员全面发展。社区教育三十多年探索经验告诉我们，坚持民生为本，切实关注老百姓的现实生活、促进其生活质量提高，实现人的全面发展，是其适应社会需求的重要保障。这一教育理念适应了当前创新社会管理，即满足社会发展需求的时代要求，也顺应了社区治理的核心要义，即使全体社区成员和谐可持续性发展，最终达成社区的自由和谐发展。基于此，可以看出社区教育与社区治理存在天然互动，这也是社区教育融入社区治理的关键要件。

（二）社区教育机制与社区治理的关键要件相通

社区教育原本是一种群众性的教育形式，发挥民众的积极性、主动性、创造性，引导民众自我管理、自我服务，是其发展的应有之意。经过多年探索实践，社区教育形成了上下互动的运行机制，即政府主导的自上而下的管理和民间主体的自下而上的参与，其中政府主导是指政府通过政策引领、统筹布局等措施推进社区教育发展，建立各级社区教育领导机构；民间主体是社区教育在不断探索中形成的有效组织形式。作为公共治理理论

在社区层面的运用实践，社区治理重在寻求政府、社区与市场三者之间的合作和互动，调动各种力量和资源，建立善治的社会体制，达到社会的和谐与可持续发展。即社区治理关键在于多元主体协同互动，吸收社会力量参与社会管理，这需要基层智慧与有效的工作方法。

（三）社区教务与社区治理的重心相通

社区教育作为终身教育在社区中的缩影，直接面对社区各类成员，其服务对象是全体社会成员，以促进社会成员社区的和谐发展。众所周知，社区治理在于社区中人的成长与发展，在于直接破解社区发展中各种“疑难杂症”，顺应社会发展对社区成员的素质要求，即社区治理重心在于人的发展。故此，社区教育服务社区全体成员与社区治理重心在于人的全面发展一脉相承。

综上所述，社区教育作为社区公共事务重要组成部分，在融入服务社区治理上可谓拥有得天独厚的条件。“人与社会”哲学视野下，“人的全面发展”是社区治理和社区教育的共同诉求，制约着社区教育在融入社区治理中的功能价值与维度契合，这也是谋划未来社区教育发展的必修功课。

概括而言，社区教育应有的运作方式，本身就（当）与社区治理的基本原理存有契合性；其固有的功能发挥，本就（当）与社区治理的全面推进存有互动性。

第四节　社区教育推进社区治理的策略

各地工作实践中，社区教育不断彰显出了社区治理有效载体的特征属性，验证了社区教育融入社区治理的逻辑机理。正如此，社区教育应把握时代赋予的使命，更好地融入社区治理中，谋划社区教育顶层设计，拓展社区教育功能，丰富社区学习供给，满足社区成员终身学习需求和社区治理切实需求，实现科学化发展。

一、优化社区教育设计

社区教育在促进人的全面发展，参与社区治理中的作用不断凸显，呈现出强大的生命力和广阔的发展前景。推进社区教育发展，使之更好地融入社区治理创新，服务社区建设，是今后一段时期社区教育发展的重要任务。新常态下，改善民生与社会治理的需求日渐紧迫，党的十八届三中全会提出的“改善民生、促进社会公平正义”目标要求，对社区教育融入社区治理赋予了新的时代意义，显然加强社区教育顶层设计尤为必要。加强社区教育顶层设计，既要研究谋划新时期社区教育的发展使命和未来路径，促进其更好地服务社区民生，重点包括以下三个方面：

一是推进社区教育发展要按照协调推进“四个全面”战略布局的要求，围绕建设学习型社会的总体目标，坚持“整体规划、城乡均衡、内涵发展、注重实效”的工作原则，以扩大社区公共学习空间为目的，以提高国民思想道德素质、科学文化素质、健康素质和职业技能为宗旨，以建立健全政策制度，统筹城乡协调发展，实现社区教育规范发展。

二是以改革创新为动力，坚持夯实基础、中心向下、满足需求、服务民生，整体推进社区教育内涵发展。要注重关注社会民生，以服务社区治理为导向，构建上下互动的管理机制，加强政策制度保障建设。要注重关注学习权益，以服务终身学习为旨归，构建共建共享的运行机制，加强教育公共产品建设。

三是积极推进社区教育治理体系建设，推动形成党委领导、政府统筹、教育部门主管、相关部门配合、社会积极支持、社区自主活动、市场有效介入、群众广泛参与的社区教育协同治理体制和机制。积极推动社区教育融入社区治理机制建设，推动政府主导，构建多利益主体参与的社区教育共同体，构建治理支持服务体系，促进社区教育科学发展。

二、拓展社区教育功能

从今后社区教育发展来看，社区教育系统要“将当下社区教育和社区治理需求，及时有效地转化为自身内部各种核心因素变化，才能实现社区教育功能的新拓展”。根据不同人群的需求，广泛开展教育培训活动，提高市民素质和生活质量是社区教育发展的立足点和核心价值。实践证实，社区教育已经不仅仅是维护社会和谐稳定或者满足社区居民终身学习的教育载体，在社会价值观的重塑、社会关系的重构和社会秩序的重建中，社区教育发挥了积极正向的作用，这就要求我们积极拓展新时期下社区教育的新功能。

社区教育作为一种教育与社会结合的社会文化现象和实践活动，社区发展和民众个体自我完善的重要途径，与民生问题休戚相关，成为解决民生问题的重要内容。在社区教育融入社区治理的视野下，要深刻认识社区教育在社区教育创新中的功能价值，不断深化和拓展社区教育助力社区治理、服务民生的途径与策略，积极发挥其功能与作用。如近些年，上海市马桥镇为了处理城市化中干部和村民的思想教育问题，依托社区教育平台搭建“村民周周会”，创新协商民主的实践形式和基层权利的运行制度，在关注民生、平等协商、村民自治的过程中，社区成员受到了关于社区治理最有效的教育，有效化解了社区基层矛盾，实现了社区教育和社区治理的双赢。在坚持育人完人的功能基础上，社区教育应强化和发挥衍生功能即服务社区发展。即由原先的服务于社区内成员教育需求的单一发展目标，转向以实现全社区成员的学习公共利益最大化，实现社会成员的终身学习，促进和谐社会建设的目标发展体系。重点做好以下三个方面：其一，增强社区发展能力，切实提高社区成员素质；其二，强化社区民主建设，传播社会主义民主政治理念，优化社区居民民主意识和民主行为；其三，创建社区和谐文化、传承社区传统文化，实现文化育人的目标。

三、丰富社区学习供给

社区学习是伴随现代社区教育的世界性发展而兴起的一种新的学习理念社区学习本质是一个终身过程，这个过程同时也是社区成员与社区能力共同发展的过程，反映了教育与社会、教育与个体、社会与个体之间的多维互动关系。体现了社区教育的发展进入一个崭新的阶段，即社区民众接受社区教育的主体性、自主性更强，更注重居民自身的学习。

社区教育融入社区治理，首当其冲是丰富的社区学习产品供给，满足社区成员的终身学习需求。

其一，优化社区教育体系。社区教育体系，是指在一定环境中，一系列有关社区教育的要素为达成社区教育目标，按照一定的结构所构成的动态统一体。我们要以终身学习理念为指导，推进社区教育体系建设，促进社区教育各个阶段，即社区内婴幼儿教育、青少年教育、成人教育、老年人教育间相互衔接与连贯。

其二，整合社区优质资源。共同学习、资源共享是构建学习型社会的必然要求。充分发挥政府统筹功能，加强社区文化资源整合运行机制和制度保障机制，逐步形成全社会参与整合社区文化资源的机制；探索建立多节点分布式的社区优质资源服务体系，使社区教育充分参与各方人力资源、课程学习资源、文化资源等。整合搭建起共建共享平台，满足城乡居民多元化学习需求。

其三，丰富社区学习产品。结合本地区实际，结合老百姓需求，面向社区居民广泛开展公民素养、人文艺术、科学技术、职业技能等各类经常性社区学习活动，有效满足每一个社区居民的发展需求。

现代社会治理具体到社区层面，自然离不开社区教育。社区教育作为基层组织与广大基层民众互动有效的平台，在服务社区治理上具有特殊的功能。在“人与社会”哲学视野下，积极推动社区教育服务社区治理创新，要秉承社区教育融入社区治理机制，积极推动社区教育顶层设计，拓展社区教育价值，丰富社区学习供给，努力完成新常态下社区教育新的历史使命。

第七章 智慧社区建设与社区治理能力提升

第一节 智慧社区及建设意义

随着我国经济与科技的发展，智慧社区发展模式受到了广泛欢迎.社区作为城市的一个子单位，在城市发展中发挥了重要的作用。

一、智慧社区的特点与功能

“智慧社区是利用物联网、人工智能、云计算等新兴的信息技术将社区内的各项服务进行整合，给社区居民提供一个便捷、安全和舒适的居住环境”[①]，实现生活、服务计算机化、网络化、智能化，是一种基于大规模信息智能处理的新型管理形态社区。智慧社区是社区管理的一种新理念，是新形势下社会管理创新的一种新模式。

（一）智慧社区的主要特点

智慧社区建设是将智慧城市的理念引入社区，以社区群众的幸福感为出发点，通过打造智慧社区为社区百姓提供便利，从而加快和谐社区建设，推动区域社会进步。智慧社区主要有智能感知性、可持续性、协同共享性、订制服务性、建设人性化五个特点。

（1）智能感知性。智慧社区通过建立智慧社区的泛在信息源，全面感知社区运转方面的信息。这是智慧化的基础，通过遍布的传感器与智能设备组成物联网，对社区运行的核心系统进行全面测量、监控与分析，做到变被动为主动的全面感知，创造社区“智”和“慧”协同模式。

（2）可持续性。智慧社区是一种全新的社会治理与服务模式，与传统社区相比，智慧社区具有持续创新发展的内生驱动力，可实现社区各元素的自我适应调节、优化和完善。

（3）协同共享性。智慧社区协同共享的目的是形成具有统一性的社区

[①] 罗茜，龙海泉. 智慧社区建设存在的问题及对策分析[J]. 互联网周刊，2022（8）：40-43.

资源体系，避免出现“资源孤岛”和“应用孤岛”，在协同共享的智慧社区中，各部分应用环节可以在授权后启动关联应用且可进行操作。各类资源根据系统需求，发挥最大价值，按照共同目标统一合理调配。

（4）订制服务性。智慧社区的订制服务是智慧的体现，具有主动服务的能力，针对社区的特定需求和社区特点，主动推送所需服务内容及服务信息，为社区居民提供个性化服务，主动推送给相关客户。

（5）建设人性化。智慧社区建设是最大限度地满足居民对生产、生活的需求，让居民生活更加舒适、幸福。通过智慧社区的建设，围绕社区管理与公众服务需求提供便捷、低成本、高品质的公共服务。

（二）智慧社区的具体功能

从功能上讲，智慧社区是以社区居民为服务核心，为居民提供安全、高效、便捷的智慧化服务，全面满足居民的生存和发展需要。智慧社区由高度发达的“邻里中心”服务、高级别的安防保障以及智能的社区控制构成。

智慧社区的功能定位在于对社区治理和公共服务的智慧化支撑方面，主要包括治理、文化、教育、卫生、社会保障、养老助残、家居家政、安全和商务等方面，具体功能如下：

（1）治理智慧治理系统：支持治理业务开展，如组织社区治理机构选举，召开自治工作会议和社区公益事业听证会，组织社区志愿者服务，调解邻里纠纷，缓和社区矛盾。

（2）文化社区文化综合服务平台：支持社区文化活动的开展，如举办社区文化、艺术、体育活动，培育社区居民的信仰、价值观、行为规范等。

（3）教育终身学习平台：开展社区文明素质和文化修养教育，传承社区优良传统和社区良好风尚等。

（4）卫生社区医疗卫生智慧服务系统：建立实时感知、获取居民健康和社区卫生状况，整合社区内外优质医疗卫生资源，支持社区医疗咨询、医疗救助、保健、疗养等。

（5）社会保障智慧保障服务系统：动态掌握居民的生活状况和保险需求，落实政府保障政策，为社区弱势群体提供托底保障服务。

（6）养老助残智慧养老助残监护系统：利用传感技术和互联网技术实时感知社区老年人和残疾人生活护理和救助需求，为老年人和残疾人的生活起居提供护理和救助服务。

（7）家居家政智能家居家政平台整合建筑、网络通信、信息家电、设备自动化、家政服务等家居家政资源，为居民生活起居提供家居家政服务。

（8）安全安防监视和应急处理平台：利用新一代感知、感应和监测技术，实时获取社区安全信息，提供停车场管理、闭路监控管理、门禁系统、智能消防、电梯管理、保安巡逻、远程抄表、自动喷淋、环境安全等社区环境与物业管理集中运营。

（9）商务电子商务系统：提供可靠、便捷、性价比优化的商务支持，实现消费者网上购物、商户之间网上交易、在线支付等，无须出门即可无障碍完成。

二、智慧社区的建设意义

智慧社区属于社区的高级发展阶段，能够平衡社会、商业和环境之间的关系，同时优化可用资源，通过运用信息技术规划、设计、建造和运营社区基础设施，提高居民生活质量和社会福利，从而促进社区和谐，推动区域社会进步。

第一，推动城市转型升级，促进城市可持续发展。智慧社区是发展智慧城市的关键内容之一。借助数字化、智能化建设，以点带面地逐渐实现整个城市的智能化，有利于提高经济社会发展的效率和城市管理水平，有利于促进城市节能减排和绿色增长，进而促进城市可持续发展。

第二，加快和谐社会建设，提升政府执政形象。以社区作为政府传递新政策、新思想的新型单位，借助数字化、信息化的手段迅速传递政策，加快电子政务向社区延伸，提高政府的办事效率和能力，提升政府执政形象。

第三，完善社区服务功能，提高居民生活质量。智慧社区以技术服务人为核心，通过技术使人们的生活更加便利化、人性化、智慧化，为居民提供一个涵盖生活、工作、学习、医疗、娱乐等服务功能的应用方式。

第四，提高物管服务水平，提高经济效益。通过智慧社区的建设，能够提高小区的物管水平，构筑人性化、规范化的管理服务体系，形成以人为本的小区环境，向居民提供多样化、个性化的服务方式和内容，不断提高小区人文素质水平。在提高物管服务水平的同时，也向业主提供了更多的服务，改善业主的生活环境，为了更好地提供服务，可适当增加物管费。利用“一卡通”平台、安防体系、LED 广告等，不但可提高管理效率，也可向需要进驻小区的广告商收取一定的广告费用。

第二节　智慧社区建设的规划与实施

"随着信息技术的广泛应用，智慧社区建设已成为社会治理的一项重要内容。"[②]智慧社区是建设智慧城市的基本构成部分，同时也是国家治理能力和治理体系现代化水平的重要体现。

一、智慧社区建设的规划

（一）智慧社区规划的特征表现

规划是指一定时期内对某个区域发展目标、实现手段以及资源的总体部署。在国外，将建成社区的规划称为"社区发展规划"，也可称为"社区规划""社区设计"；将新建社区的规划称为"社区规划与设计"。社区规划是指为了有效地利用社区资源，合理配置生产力和城乡居民点，提高社会经济效益，保持良好的生态环境，促进社区开发与建设，从而制订比较全面的发展计划。

智慧社区规划的特征表现在以下方面：

（1）规划结构的整体性。智慧社区规划并非对社区某一方面的发展部署和安排，而是对智慧社区全方位建设做出的结构上具有整体性特征的战略部署，是一个完整的社区发展计划体系。智慧社区规划并非智慧社区各主要部分发展规划或智慧社区建设各项计划的简单相加，而是具有自身的结构性和系统性的整体规划结构。社区规划结构的整体性特征是智慧社区规划功能的集中体现，也是智慧社区作为相对完整的社会实体的一种反映。

（2）规划地域的特殊性。如果说智慧社区规划具有突出的地域性特征，具有明显的地方性色彩的话，那么，这个特征反映在整个智慧社区规划的过程中，就使社区规划具有了明显的地域特殊性。不同社区具有不同的地域特征和资源条件，不同社区的社区规划当然也就具有各自不同的目标定位，应确立各自不同的重点内容，选择各自不同的落实方案。

（3）规划方案的预设性。智慧社区规划是对社区未来发展的一种设想、设计和设定，社区规划方案具有预设性特征。智慧社区规划方案的预设性

[②]任梦瑶．智慧社区建设现实困境及优化路径[J]．合作经济与科技，2022（4）：159-161．

告诉我们：第一，社区规划是在对智慧社区未来发展进行预测的基础上预设的一种发展目标，它的实现需要以规划的落实为保障；第二，智慧社区规划的成果分为规划方案和规划实施成效两种，不能以规划方案本身代替规划实施成效；第三，智慧社区规划必须为社区的未来发展指明方向，要预见到可能影响社区发展的有利条件和不利因素。

（4）规划体系的开放性。规划体系的开放性是指智慧社区规划的体系应是一个开放的体系，而不是一个封闭的体系。这是因为：第一，智慧社区规划所涉及的各项社区要素均处于动态发展之中，在快速社会转型时期更是如此；第二，智慧社区规划需要吸收各种外部资源和外部力量，才能使规划更加科学、合理、适用。

（5）规划过程的动态性。规划过程的动态性特征是指智慧社区规划“与时俱进”的特征。当代社区发展一日千里，任何智慧社区规划想一次完成而“一劳永逸”并不现实。只有跟随社会发展的脉搏，随着社会发展的步伐，不断更新社区规划，才是智慧社区规划的正确做法。为此，在社区规划中，不但要编制整体性规划，而且要编制阶段性规划，阶段性规划得到落实后，还要编制下一阶段的社区规划。同时，对于某一阶段的社区规划，还要根据社会发展的要求和社区发展的需要适时进行修编。

（二）智慧社区规划的技术路线及内容

1. 智慧社区规划的技术路线

智慧社区规划的技术路线首先是基于智慧社区所涉及的业务进行分析，依据信息系统的建设基础和需求分析，在信息系统战略分析的前提下，对信息系统进行总体设计（包括逻辑结构设计、网络拓扑结构设计、关键技术选择等），从而进行详细的平台应用系统设计，完成系统示范工程配置（软硬件）、平台系统测试与综合评估等相关工作。

2. 智慧社区规划的主要内容

结合以上分析，智慧社区规划的内容包括基础设施层、基础环境层、感知层、应用支撑层、业务应用层和呈现层 6 个层次的规划设计。

（1）基础设施层的规划设计。基础设施层的规划是智慧社区规划建设的核心内容，主要包括智慧社区系统的基础应用条件。一方面，它是支持电子政务功能的政府机构，能够体验、支持智慧社区运作的智慧人群，具备自动化功能的楼宇建筑及家庭中能够与系统对接的智能家居；另一方面，智慧社区服务系统又通过芯片、摄像装置、传感器来接收处理相关信息，两部分共同构成智慧社区的基础设施层。

（2）基础环境层的规划设计。基础环境层是智慧社区信息采集、处理和交互传输中心，是核心的组成部分，其规划包括支撑环境层规划以及网络层规划。支撑环境层是基于物联网的技术架构，包括系统的运营环境、操作系统环境、数据库和数据仓库环境。它们为物流系统运行、开发工具的使用、 Web Service 的服务和大规模数据采集与存储等提供了环境支撑，保障了整个平台架构的运营环境的完整性。网络层主要提供平台运行的网络设施，包括物联网的承载网、广域网、局域网、移动通信网、网络设施以及接入隔离设备。网络层与相关系统接口可为 Web Service 信息服务、资源寻址服务等提供服务基础，用于支持社区外进行相关业务的信息传输。

（3）感知层的规划设计。感知层是实现信息采集功能的核心组成，通过感知工具的相关信息处理模块和数据集成处理模块，实现消息队列服务、信息管理，对数据管理中心、数据交换和应用集成所需的数据格式定义进行统一管理，主要感知设备包括数字电视、报警传感器、摄像机、电话、触摸屏、RFID、传感器和采集器等。

（4）应用支撑层的规划设计。应用支撑层的规划包括技术支持平台的规划和外部接入平台的规划。一方面，技术支持平台通过服务引擎与资源、数据访问服务与感知技术相关功能有机结合，以安全认证服务、调度引擎、工作流引擎、规则引擎、异常处理机制、元数据服务等关键功能为基础，实现感知系统的数据处理、业务过程执行引擎功能等；另一方面，技术支持平台通过云计算平台、数据交换平台、数据字典等对感知数据在业务应用方面提供传输、处理、转换等功能支持。外部接入平台主要包括企业完成各项业务所需的外部接口，智慧社区信息平台通过电子商务、客户端、电子政务、家政服务、医疗信息服务等接口与社区外客户、政府机构、服务机构等的信息系统对接，从而实现社区内外各部门间的协同工作与服务，以及动态联盟间有效的信息协同和信息共享。

（5）业务应用层的规划设计。业务应用层的规划是智慧社区最关键的部分，强大的基础信息平台只有通过业务应用层的各个模块才能将信息优势转化成应用优势，最终服务于社区居民。业务应用层的规划设计主要包括社区基础信息管理系统的构建，社区交流服务系统、社区电子商务系统、社区物流服务系统、社区物业及综合监督管理系统、社区电子政务系统、社区智能家居系统、社区医疗卫生系统、社区家政服务系统和社区智能决策支持系统的规划设计。

（6）呈现层的规划设计。运用感知层中的应用技术将采集到的数据信息通过数据库技术、数据挖掘工具等与物联网技术相结合，利用业务应用系统的处理，根据业主的不同需求，将所需信息呈现在相关设备上，包括 IPTV、手机短信、门户网站和电子屏公告等。

（三）智慧社区规划的目标体系

智慧社区规划的目标体系主要包括建立社区管理和应用服务体系、构建社区公共信息平台和建设社区信息化基础设施。

（1）建立智慧社区管理和应用服务体系。建立智慧社区管理和应用服务体系是实现社区管理信息化和社区服务信息化的基础。社区管理信息化包括网格化管理、可视化管理、社区应急管理、社会组织管理、社区规划、环境管理、节能管理、治安管理、居民管理、物业管理、停车场管理、公共事业管理等。社区服务信息化具有将政府电子政务延伸到社区和家庭的政务服务、社区物业和智能化系统提供的公共服务，以及社区商业机构的商务服务等功能。

（2）构建智慧社区公共信息平台。智慧社区公共信息平台支撑社区管理和服务应用体系，推动着社区管理信息化和社区服务信息化。通过智慧社区公共信息平台，实现社区应用系统间的“数据互联互通、信息资源共享、业务和功能协同”。智慧社区公共信息平台与智慧城市级公共信息平台联系，是实现智慧社区融入智慧城市的关键。

（3）建设智慧社区信息化基础设施。智慧社区信息化基础设施支撑了社区公共信息平台。智慧社区信息化基础设施包括社区综合通信网络及其所连接的各类服务器，具有感知和控制功能的器件和设备、短距离通信网（包括自组网）以及社区数据中心（或监控中心）。

（四）我国智慧社区的规划内容

我国智慧社区管理是由居委会和物业公司共同管理的。居委会作为社区居民自我管理、自我教育、自我服务的基层群众性自治组织，是政府对社区居民服务的主要机构。物业公司对社区内的物业进行相应的管理，主要接受社区内业主的委托，依照有关法律法规的规定或合同的约定，对社区内的物业实施专业化管理并获得相应的报酬。居民作为社区的主体，则希望社区管理者能为自己的日常生活提供便捷、全面的服务，以满足自身多样化的需求。因此，目前我国智慧社区的规划主要是建立行政主体、市场主体和应用主体的协同机制。

（1）行政主体。行政主体负责顶层设计及统一规划。智慧社区规划是智慧城市的主要组成部分，需要政府的支持，但政府想实现对基层的管理也要依靠社区才能做到，二者既是指导与被指导、扶持与被扶持的关系，同时也是相互依赖的关系。

（2）市场主体。市场主体主要负责技术研发、产品设计与生产工作。智慧社区建设离不开物联网、宽带移动互联网、云计算、数据挖掘等新一代信息技术，其最终的承载体是社区运行管理与服务平台，也就是一系列基于信息技术的应用系统的集合。在具体操作中，需要建立信息管理平台、社区服务平台及应用平台，这些问题将主要由市场中的软件开发设计企业及通信企业完成。在智慧社区规划中，既要承认市场主体是作为“理性经济人”存在的事实，也应该关注其社会价值的存在，承认它是应用主体应用智慧平台的直接服务指导者。

（3）应用主体。应用主体包括社区、社会组织和家庭，是智慧社区建设中的受益者和基础设施的使用者。智慧社区建设需要有若干个应用主体配合才能具体落到实处，需要家庭配备终端系统、社区建立信息服务与管理平台，各个社会组织也要配备相应的服务平台。社区管理机构负责接受行政主体的政策支持与市场主体的技术服务，实现社区有限自治，完成智慧社区政务、智慧治安，与社区非营利组织一起提供智慧民生服务，并负责完善虚拟服务平台及提供实体服务。驻社区企业通过电子商务平台，为居民提供智慧商务服务。

二、智慧社区规划的实施

（一）智慧社区规划的目标确定

基于物联网、云计算等高新技术的智慧社区是智慧城市的一个细胞，是一个以人为本的智能管理系统。系统的建成将为智慧城市的建设打下基础，为社区服务以及城市发展做出突出贡献，平衡社会、商业和环境需求，同时优化可用资源，最终使城市居民的工作和生活更加便捷、舒适、高效。

智慧社区系统是针对智慧社区信息系统的需求分析，在规划建设中围绕系统核心建设内容相互集成，将社区基础信息管理系统、社区交流服务系统、社区电子商务系统、物流服务系统、社区物业和综合监管系统、社区电子管理信息政务系统、社区智能家居系统、医疗卫生管理信息系统、社区家政服务系统和决策支持系统10个功能各异的业务系统搭建成一个综合业务平台。智慧社区规划建设的目标可以概括为以下四个方面：

（1）为智慧城市平台的建设提供良好的基础条件。智慧城市的建设需要以智慧社区为依托，智慧社区的运作要基于综合完善的智慧社区系统规划建设。智慧社区系统建设是立足于长远的角度进行规划建设，在建设上述10个业务系统的基础上，利用物联网、云计算和SOA架构等技术搭建平台，并整合各信息平台资源，实现信息共享。建成后不但能为社区居民提供各项服务，也能为今后的智慧城市建设提供基础条件。

（2）促进社会和谐进步。社区作为社会的缩影，智慧社区既是社会建设的一种理念思考，也是新形势下探索社会公共治理的一种新模式。在项目规划中，要以智能、人文、服务为理念，以“管理精细化、服务人文化、运行社会化、手段信息化、工作规范化”为规划建设思路，以统筹各类服务资源为切入点，以满足社区居民、企事业单位、社会组织需求为落脚点，以信息化技术手段为支撑，努力在广大地区构建涵盖社会管理、社会服务、社区建设、社会动员、社会组织、社会领域等一体的智能化综合信息服务管理平台。

（3）加强政府工作。我国在社区中的行政机构主要包括街道办和居委会，智慧社区的规划也要立足于这样的行政特点来设计。如政府围绕社区相关业务及相关需求，在智慧社区系统中构建电子政务模块，该模块的建成既能方便政府机构之间的协同工作，还可实现政府和社区居民之间的信息共享，并为居民提供简单快捷的相关服务。

（4）提高居民生活质量。居民是社区服务最直接、最根本的对象，社区系统的建设目标，应本着“以人为本”的核心思想，建设过程中始终不离居民的生活现状与需求，提高现有的居民生活质量。

智慧社区系统规划主要从社区居民交流、社区居民文化、社区居民网购、社区居民与政府间沟通、社区居民安全保障、社区居民家居管理、社区居民医疗卫生、社区居民家政等方面进行规划建设，基本涵盖居民生活主要方面，能够为居民生活带来真正便利。

基于以上智慧社区规划建设目标分析，结合社区信息系统的设计特点，围绕核心业务，智慧社区规划建设的总体目标为：①整个系统的规划建设要提供全方位的信息服务，并注重运营效率、运营成本和服务质量。②从社会、政府、城市、居民的角度出发，结合实际情况，注重需求分析，总体规划，确保系统的高效集成、总体优化、安全可靠。③整体规划、分步进行设计，确保在总体上把握全局，没有疏漏。④在进行系统软硬件配置时，尽量考虑采用国际上先进、国内一流的技术，确保所设计的信息系统能满足用户需求，并有一定的先进性和可扩展性。

（二）智慧社区规划的基本原则

智慧社区规划建设是一个庞大而复杂的系统工程，在系统建设上要采用先进的建设思想，不仅要满足当前用户的需求，而且能够根据需求的增加而扩展。因此，智慧社区规划建设在保证系统经济适用的前提下，需遵循以下原则：

（1）规范性。智慧社区信息平台必须支持各种开放的标准，不论是操作系统、数据库管理系统、开发工具、应用开发平台等系统软件，还是工作站、服务器、网络等硬件都要符合当前主流的国家标准、行业标准和计算机软硬件标准。

（2）先进性。在系统构建过程中应尽可能地利用一些成熟的、先进的技术手段，使系统具有更强的生命力

（3）可扩展性。社区信息平台的规划设计在充分考虑与现有系统无缝对接的基础上，还要考虑未来新技术的发展对平台的影响，保证平台改造与升级的便利性，以适应新的技术与新的应用功能的要求。

（4）开放性。社区信息平台应充分考虑与外界信息系统之间的信息交换，因为它是一个开放的系统，需要通过接口与外界的其他平台或是系统相连接，所以，智慧社区信息平台的规划设计要充分考虑平台与外界系统的信息交换。

（5）安全可靠性。社区信息平台的业务系统直接面向广大用户，在业务系统上流动的信息直接关系到用户的经济利益，并且这些系统都是高度共享的。因此，要保证信息传输的安全性，只有保证系统的安全可靠，才能为用户的利益提供保证。

（6）合作性。社区信息系统需要整合不同部门的信息，需要政府、企业和信息系统开发商等多方参与系统的开发、维护和使用，要求参与各方统一规则、通力合作、积极参与才能取得良好的效益。

（三）智慧社区规划模式的类型

鉴于国内外智慧社区规划建设方面的经验，可以把智慧社区规划模式分为五类，即自主规划模式、外包规划模式、联合规划模式、采购引进模

式和综合建设模式。

1. 自主规划模式

自主规划模式主要是指智慧社区服务系统的规划者依靠自身的信息化队伍，结合自身的软硬件条件进行智慧社区服务系统的规划建设。这种模式需要智慧社区服务系统的规划者具有一定的信息化建设的软硬件基础，拥有一支专业的信息化队伍。需求明确、必须保证核心的业务秘密、自身拥有强大的开发和维护实力的企业可以采用这种规划模式。

企业内部规划可以很好地满足企业的应用需求，建设符合企业业务流程的信息系统。但内部人员的软件水平无法和专业公司相比，其人员数量也难以保证大量信息系统的开发，而且不能解决原有管理中存在的经营方式落后、组织结构僵化、管理流程低效的问题，从而难以吸收先进的管理理念和思想来提高管理水平，导致规划周期长、生命周期短的问题。

2. 外包规划模式

智慧社区服务系统的规划企业可以通过招标，选择委托具有雄厚技术实力和丰富经验的软件公司、科研机构、高等院校等外部单位进行信息化建设。由受托方提供解决方案、成套设备、系统实施及技术服务。这种模式适合需求明确，但不具备开发维护实力的企业。

外包规划模式能够规划较高水平的系统，对企业经营管理有一定的改进，但如果受托方不了解企业的业务流程和真正需求，将会增大开发风险。而软件系统平台的开发往往没有明确的边界，需要进行不停的修改，因此到了软件实际建设过程中，即使是周期半年的中小信息系统，也难免有新的变化，从而增加了系统开发商的压力。

以现有的规划模式看，一般是用户提需求，软件公司进行分析、设计、开发、测试，最后部署上线。但问题是在需求分析阶段用户往往没有明确的需求，系统上线后根据运行使用情况才会逐渐形成修改意见。周期延长，软件公司的亏损风险增大，不得不减少人力物力投入，引起双方纠纷。有的软件开发公司为了避免这种风险，采取用户提需求，直接开发，边开发边修改的策略。这种办法用于小型系统尚可，若用于大型信息系统可能导致系统越改越乱，最后无法收拾。

这种模式对企业信息技术水平要求不高，不利于培养自己的信息技术人员，这样项目后期的衔接容易出问题，软件公司在完成了项目建设之后，系统将继续接受修改维护，除非系统建成即闲置。在没有经费支持的情况下，软件公司无法承担修改维护费用；及时保证了经费，软件公司人员流动或者软件公司自身出现问题也将使得整个系统陷入瘫痪。只要企业自身没有控制项目全局的人员，这个风险就存在。

3. 联合规划模式

智慧社区服务系统规划企业与系统集成商、计算机软件公司合作，由系统集成商、计算机软硬件公司提供信息技术人员，企业自身提供需求人员，组成相对稳定的项目团队，互相学习，联合进行智慧社区服务系统的规划建设。

在具体实施工程中，由承担需求分析的本单位人员负责收集用户需求，管理团队，而系统集成商、计算机软硬件公司派遣的技术服务人员则专注智慧社区服务系统的各个系统设计、开发、测试和部署。双方根据企业信息化需求制订一个长远的建设规划，然后逐步推进各个信息系统的建设，整合资源。

智慧社区服务系统的规划企业在智慧社区服务系统的规划建设中可以学习先进的开发方法，锻炼和培养企业的信息技术人员。由于有本单位人员参与，系统使用和维护也比较方便，开发的信息系统实用性较强，风险较低。

4. 采购引进模式

企业从专业的软件提供商那里引进成套的商业信息系统软件。商业信息系统软件通常是由一批具有丰富经验的管理专家和高级专业计算机技术人员共同开发的，软件本身蕴含了许多管理的先进思想和手段，针对行业特点为企业提供各个管理功能的模块，这些软件模块为企业流程优化与重组提供了可借鉴的参考模型，能够在较高层次上提升企业管理水平。商业软件一般比较成熟和稳定，有一定的用户基础，质量有所保证；升级维护支持及时，有利于企业信息系统的更新。

但商品软件追求通用化，其功能无论在范围上还是在深度上都只能使企业的需求得到部分满足，系统的适应性较差，项目实施的风险大，失败率高；由于没有源程序代码，不便于进行系统维护和二次开发；需要持续升级，成本较高。

5. 综合建设模式

智慧社区系统具有涉及面广、业务应用多、专业性强的特点，这决定了智慧社区系统建设要先有统一规划，逐步实施。在实施过程中，根据应用系统的特点，采用不同的规划建设模式。如果需求明确，自身具有强大的开发维护实力，可以采取自主规划；如果需求明确、自身开发力量弱，可进行一般的维护，采用合作规划；如果需求明确，但不具备开发维护实力，可采用外包模式；对于通用性强的系统，可采用采购引进的模式，如政务系统。

通过对以上几种规划建设模式的分析，结合目前智慧社区系统的发展现状，智慧社区系统可以采用联合规划和采购引进相结合的综合建设模式。在模式中，综合联合规划模式和采购引进模式的特点，智慧社区规划企业与已有成熟产品的系统集成商、计算机软硬件公司合作，由系统集成商、计算机软硬件公司提供信息技术人员，企业自身提供需求人员，组成相对稳定的项目团队，互相学习，联合进行智慧社区服务系统的开发建设。而对这些公司已有的、成熟的、通用性较强的子系统，可以直接进行购买，接受培训。

（四）智慧社区规划的结构布局

智慧社区规划结构布局因地而异，但总体结构和布局是有规则的，通常智慧社区规划的总体构成如下：

（1）基础设施建设。建设智慧社区需要提供通信系统承载能力和设施资源的综合利用能力。为了提高信息通信基础设施服务水平，首先，建立社区全覆盖感知网络，以及广泛的射频识别感知网络和视频监控网络，促进卫星定位系统和城市地理信息的结合应用，建立统一布局环境感知监控网络，完善无线电监测网络，实现城市动态实时感知。再次，需要建设 T 级骨干网、G 级接入网、宽带城域 IP 网、无线宽带城域网、地面数字电视单频网（DTMB）、业务 IP 化的下一代高速融合网络，打造无缝连接的城域泛在网，形成多层次、立体化、高带宽的有线无线基础网络覆盖。最后，建立云数据中心，对智慧社区各种信息进行储存、处理、交换、灾备、高性能计算等服务的基础支撑，是智慧社区平台支撑的基础。

（2）智慧社区平台建设。从技术层面简单理解，智慧社区是由分散在大量不同部门、不同物理位置的信息系统和数据库组成，通过政务网、专用网、互联网、无线网、物联网等通信网络资源从信息通路上进行链接；如果部门之间、系统之间通过点对点的方式建立联系，一些共性的、基础的功能每个系统重复投入建设，对整个智慧社区建设非常不经济。通过构建社区公共信息平台，实现统一规划、统一标准、统一技术、统一平台、统一运维，将大大提高智慧社区建设的实际成效，降低成本、提高能力、规范建设、平滑扩展。

（3）智慧社区应用规划。智慧社区应用包括社区的方方面面，是具有全面感知、智能创新、协同高效、自我完善等特点的体系。智慧社区的应用规划应充分利用新一代信息技术，加强建设、公共管理服务及资源环境多方面资源整合，结合社区的特点和实际情况，选取合适的应用类型，全面提升智能化水平。

第三节　智慧社区建设与治理的深度融合

近几年，智慧城市建设作为解决城市发展难题、实现城市可持续发展的有效途径，受到全国各地高度重视。社区治理是新时代推进社会治理现代化的重要组成部分，智慧社区是创新社会治理的重要探索。

一、智慧社区建设是提高社区治理效率、推动社区治理转型的必经之路

社区是人民群众最重要的生活场所，社区治理关系到人民群众的切身利益。传统的社区治理主要依赖于基层党组织与政府，管理方式较为落后。随着人民生活水平的不断提高，现有模式已经无法满足人民群众日益增长的需求，以互联网技术为核心的社区治理方式由此而产生。以互联网技术为核心的社区治理方式提高了社区治理的效率，增强了社区居民的生活体验，但其距离真正的智慧社区还存在较大的差距。智慧社区以物联网、大数据等新兴科技为基础，为社区治理增添了智慧的“大脑”。

智慧社区通过对最新科学技术的应用全面提升治理效率，满足人民群众基本的生活需要。一方面，智慧社区实现了社区的全面自动化管理，节约了大量的人力成本，能够为居民提供更加优质的服务。在社区生活中，安全、物业、健康等问题，不仅与居民日常生活息息相关，也是社区治理的重点。智慧社区通过对物联网技术的应用，实现了对非法入侵、消防等安全问题的全面监控，有效提升了社区的安全管理能力。同时，智慧社区构建了大量的便民服务平台，居民足不出户就可以完成相关事务的办理，大大增强了便利性。另一方面，智慧社区具有多部门联动的配套管理机制，能够在短时间内整合公共管理资源，解决社区治理难题。智慧社区以信息

技术为核心，搭建了基层党组织、政府、社会组织等多主体协同工作的平台，避免了传统社区治理中的“踢皮球”现象。

二、智慧社区建设的出发点和落脚点：坚持需求导向，更好地服务社区居民

当前我国正处于经济转型发展的重要阶段，居民对社区治理的需求不断变化，智慧社区建设必须要充分考虑社区居民的实际需求，并以此为奋斗方向，整合资源，加大技术创新。以管理为核心的社区治理模式缺乏人性化思维，服务意识不足，无法实现社区治理的进一步发展。而智慧社区坚持以人为本的基本原则，在打造便民服务平台的同时，进一步加强对大数据技术的应用，其结合调研、走访等传统方式，深入分析社区治理中存在的各种问题，着力解决突出矛盾，实现了从管理到服务的有效转变。

为推动现代信息技术与城乡社区建设，治理和服务深度融合，还需要我们立足于社区资源禀赋和人民群众对更高水平公共服务的期待和需求，强化信息系统建设的实用性、前瞻性和可扩展性，突出急用先行，梯次推进，迭代更新，积极构建供给与需求相衔接，要素与机制相匹配，线上与线下相结合的社区服务新业态。不断增强公共服务供给的针对性和有效性，持续满足社区居民日益增长的各类需求。

三、坚持统筹规划，推动“互联网+”与城乡社区服务的深度融合

一体化推进智慧城市、智慧社区和数字乡村建设，整合社区信息化建设资金、资源和已有系统平台，推动建设集约化、联网规范化、应用智能化、资源社会化，实现系统集成，数据共享和业务协同。信息化基础好的地区要加快探索，先行一步，其他地区在做好规划的前提积极试点，逐步推开。

要“实施‘互联网+社区’行动计划”，加强互联网与社区治理和服务体系的深度融合，运用社区论坛、微博、微信、移动客户端等新媒体，加快各级各部门城乡信息资源共享，逐步实现社区公共服务，志愿服务，便民利民服务等社区服务，提升社区服务的能力和水平，为社区居民提供精准化、精细化服务创造条件。同时，还要注意坚持传统的服务方式和智能化服务创新并行，聚集涉及老年人日常生活的高频事项和服务场景，切实解决老年人在运用智能技术方面遇到的一些突出困难，有效解决老年人面临的数字鸿沟问题，为老年人提供更周全、更贴心、更直接的便利化服务。

参 考 文 献

[1] 卜鹏. 社区社会工作服务感受[J]. 中国社会工作，2012（27）：8-8.

[2] 陈国富. 大数据视域下推进智慧社区治理创新[J]. 创新，2021，15（4）：12-21.

[3] 陈辉. 社区治理[M]. 南京：南京师范大学出版社，2019.

[4] 陈可，陈莺. 社区教育推动社区治理模式研究[J]. 广西广播电视大学学报，2021，32（2）：62-64.

[5] 楚真，车卉. 新时代我国转型社区治理模式创新研究[J]. 科技风，2021（18）：171-172.

[6] 方然. 社区治理理论和实践研究[J]. 思想战线，2015，41（1）：154-156.

[7] 高渐伟. 社区社会工作人才培养模式探究[J]. 福建质量管理，2017（13）：99.

[8] 郭小建. 社区治理[M]. 成都：西南交通大学出版社，2018. 12

[9] 郭小娟. 人口普查入户难分析及改进措施[J]. 中国民商，2021（1）：253-254.

[10] 郭泽希. 社区社会工作人才作用模式研究[J]. 佳木斯职业学院学报，2021，37（10）：41-42.

[11] 郭珍. 社区治理视域下智慧物业建设发展思路探究[J]. 居业，2021（10）：192-194.

[12] 贺芸. 基于社区治理功能开发的社区教育模式探索与实践[J]. 大学教育，2022（2）：186-188，195.

[13] 侯怀银，王耀伟. 社区教育学建设与社区治理[J]. 武汉大学学报（哲学社会科学版），2022，75（1）：16-26.

[14] 胡静，安伟洁. 浅论社区教育[J]. 成人教育，2014，34（4）：19-21.

[15] 黄川栗. 社区社会工作的体系构建与社区治理研究[M]. 北京：中国商业出版社，2019.

[16] 黎志芬. 做好社区社会工作的三大思考维度[J]. 中国社会工作，2021（3）：24-25.

[17] 楼建芳. 关于人口抽样调查中出生人口漏报原因及对策分析[J]. 商，

2013（2）：180-181.

[18] 鲁露，金艾裙．社区治理主体视角下的社区能力建设对策研究[J]．河北北方学院学报（社会科学版），2015（4）：108-112.

[19] 罗茜，龙海泉．智慧社区建设存在的问题及对策分析[J]．互联网周刊，2022（8）：40-43.

[20] 吕卫凤．社区教育与学校团队教育的融合[J]．教书育人（校长参考），2022（5）：6-8.

[21] 孟英．社区治理视域下社区党组织治理能力建设探讨[J]．理论导刊，2017（11）：20-23.

[22] 任梦瑶．智慧社区建设现实困境及优化路径[J]．合作经济与科技，2022（4）：159-161.

[23] 王欢欢，朱旭东．"互联网+社区治理"模式的执行限度与优化路径[J]．长白学刊，2021（6）：72-79.

[24] 王振坡，张安琪，王丽艳．新时代我国转型社区治理模式创新研究[J]．城市发展研究，2020，27（1）：89-94，101.

[25] 吴成峡，张彩云．社区治理主体的角色认知与功能再造[J]．江汉论坛，2018（7）：118-123.

[26] 谢国东．构建学习社会[M]．成都：四川教育出版社，1997.

[27] 熊利娟，李睿丰，王力．社区治理模式研究[J]．南京工程学院学报（社会科学版），2015，15（2）：16-19.

[28] 徐向林．社区治理能力建设的几点思考[J]．中国社会工作，2014（12）：21-22.

[29] 薛浩．社区社会工作专业化[J]．福建质量管理，2016（17）：210.

[30] 游河，付凤兰．论社会工作参与社区治理的作用与方法[J]．井冈山大学学报（社会科学版），2021，42（2）：85-90.

[31] 原珂．推进社区治理能力现代化的系统思路[J]．理论探索，2021（3）：16-22.

[32] 张丹媚，周福亮．智慧社区管理[M]．重庆：重庆大学出版社，2019.

[33] 张艳国．论我国社区治理的原则、理念取向[J]．西部学刊，2015（1）：5-8.

[34] 朱懿．城市社区智慧治理的整合机制研究[J]．企业经济，2021，40（3）：80-87.

[35] 庄西真．社区治理与社区教育[M]．苏州：苏州大学出版社，2016.